COURS

DE

LANGUE FRANÇAISE

THÉORIQUE ET PRATIQUE

PREMIER DEGRÉ

Tout exemplaire de cet ouvrage non revêtu de ma griffe sera réputé contrefait.

Eug. Belin

SAINT-CLOUD. — IMPRIMERIE DE Mme Ve BELIN.

ABRÉGÉ

DE LA

GRAMMAIRE FRANÇAISE

RENFERMANT

Les principes de l'Analyse et la Prononciation d'usage

PAR M. CH. LEROY

AUTEUR DES ÉTUDES SUR LA NARRATION, ETC.

ET

M. B. ALAFFRE

ANCIEN PROFESSEUR AU LYCÉE IMPÉRIAL DE TOULOUSE.

SIXIÈME ÉDITION

REVUE ET CORRIGÉE.

PARIS

LIBRAIRIE CLASSIQUE D'EUGÈNE BELIN

RUE DE VAUGIRARD, 52

1871

MÊME LIBRAIRIE.

Envoi franco au reçu du prix en timbres-poste.

Poésies (les) de l'Enfance. Recueil de pièces de vers à la portée et à l'usage des plus jeunes enfants qui fréquentent les classes élémentaires des écoles et des autres maisons d'éducation. Extraits des poëtes français anciens et modernes : Racine, J.-B. Rousseau, Corneille, le Franc de Pompignan, de Bernis, Berquin, la Fontaine, Florian, Bailly, Aubert, Lemonnier, etc., de Lamartine, V. Hugo, Giraud, Soumet, Aug. Barbier, de Jussieu, madame Tastu, etc.; par M. l'abbé J.-P. Lalanne, directeur du collége Stanislas. Huitième édition, augmentée de la musique notée des fables de la Fontaine et autres fabulistes. 1 vol. in-18 cart.......... 90 c.

Flore poétique du jeune âge, recueil de pièces de vers à l'usage des institutions, avec notes historiques, géographiques et littéraires, par M. Ch. Leroy, auteur des *Études sur la Narration*, des *Lectures graduées*. 1 vol. in-18, cart.......... 80 c.

Lectures graduées et leçons pratiques de littérature et de style (Prose et Poésie), renfermant des modèles tirés des meilleurs auteurs, avec des appréciations, des notices biographiques et les définitions des divers genres de composition, par le même. Seizième édition. In-18, cart.. 1 fr. 50 c.

Cours de style épistolaire, à l'usage des demoiselles et de toutes les personnes qui veulent perfectionner leur manière d'écrire les lettres ; par M. J.-A. Guyet. Cinquième édition corrigée. 2 vol. in-12, br.......... 4 fr.

On vend séparément :

Le tome 1er, renfermant les préceptes et les canevas, br.......... 2 fr.

Le tome 2e, renfermant les leçons et les modèles, br.......... 2 fr.

Nouveau Manuel de civilité chrétienne, contenant un choix d'anecdotes historiques, pouvant servir d'exemples pour l'application des règles de la politesse, suivi d'un choix de modèles de lettres, à l'usage des institutions et des maisons religieuses d'éducation, par M. Th. Bénard. Sixième édition corrigée. 1 vol. in-12, cart.......... 90 c.

Ouvrage approuvé par NN. SS. les archevêques de Paris et de Sens.

Petite Civilité chrétienne, à l'usage des écoles primaires, par le même. Huitième édition corrigée. 1 vol. in-18, cart.......... 30 c.

Ouvrage approuvé par NN. SS. les archevêques de Paris et de Sens.

Dictionnaire de la langue française (Nouveau), selon l'Académie; par MM. Ch. Leroy et Th. Benard. Septième édition revue avec soin. 1 vol. in-18 de 800 pages, cart.......... 1 fr. 50 c.

DICTIONNAIRE CLASSIQUE UNIVERSEL, français, historique, biographique, mythologique, géographique et étymologique ; par M. Th. Benard, officier d'Académie, chef de bureau au ministère de l'instruction publique. Nouvelle édition (20e), refondue et augmentée de 5,600 mots. 1 vol. grand in-18 de 820 pages, cart.......... 2 fr. 60.

Le même, relié en percaline anglaise, avec titre doré.......... 3 fr.

> Ouvrage approuvé par le Conseil supérieur de perfectionnement de l'Enseignement secondaire spécial, et couronné par la Société pour l'Instruction élémentaire, qui a décerné à l'auteur la plus haute récompense :
>
> UNE MÉDAILLE D'ARGENT.

Atlas des Écoles primaires, contenant 26 cartes coloriées, avec des notions de géographie et un questionnaire placés en regard des cartes ; par le même. In-4° oblong, cart.......... 1 fr.

Le texte qui accompagne cet Atlas se compose, pour chaque carte, de deux parties : 1° une légende, que l'élève doit apprendre et réciter ; 2° un questionnaire, auquel il doit répondre par écrit, et qui forme une suite de devoirs de géographie.

ABRÉGÉ

DE LA

GRAMMAIRE FRANÇAISE.

Il n'est pas nécessaire que les élèves apprennent de mémoire les nomenclatures ni les passages marqués d'un astérisque (*).

CHAPITRE PRÉLIMINAIRE.

DÉFINITIONS.

1. — La *Grammaire* est l'art de parler et d'écrire correctement (LHOMOND).

Parler ou *écrire*, c'est exprimer nos pensées au moyen des mots.

2. — On peut distinguer dans les mots, les *syllabes* qu'ils renferment. Chaque syllabe est formée d'une ou de plusieurs lettres prononcées en même temps : *loi* n'a qu'une syllabe ; *rai-son* en a deux ; *a-mi-tié* en a trois.

3. — On appelle *monosyllabe*, tout mot qui n'a qu'une syllabe, comme *bois*, *cri*, *sang*, et *polysyllabe*, celui qui en a plusieurs, quel qu'en soit le nombre : *bon-heur*, *pré-tendre*, *ré-com-pen-ser*.

DES VOYELLES.

4. — On distingue deux sortes de lettres : les *voyelles* et les *consonnes*.

Les *voyelles* sont ainsi appelées, parce que la *voix* les produit sans aucun mouvement des lèvres ou de la langue.

Il y en a de *simples* et de *composées*.

QUESTIONS.

1. Qu'est-ce que la *grammaire?*
2. Comment distingue-t-on les *syllabes* dans les mots ?
3. Qu'appelle-t-on *monosyllabe* et *polysyllabe ?*
4. Comment divise-t-on les lettres et qu'entend-on par *voyelles ?*

5. — Les voyelles simples sont *a*, *e*, *i*, *o*, *u*. On peut y ajouter *y*, qui s'emploie souvent pour un *i* simple, comme dans *Babylone*, *mystère;* mais qui a la valeur de deux *i*, quand il est précédé d'une autre voyelle dans le corps d'un mot : *citoyen*, *pays* se prononcent *citoi-ien*, *pai-is*.

6. — Il y a trois sortes d'*e*: l'*é fermé*, qu'on prononce la bouche presque fermée, *témérité*, *répéter;* l'*è ouvert*, qu'on prononce la bouche à demi ouverte, *cyprès*, *mer*, *succès;* enfin l'*e muet*, qui n'est qu'un son faible et qui est même quelquefois nul, *gloire*, *tableau*. Ces trois sortes d'*e* se trouvent réunis dans les mots *élève*, *sévère*.

7. — On appelle voyelles *composées*, celles où la réunion de plusieurs voyelles simples forme un son unique, comme *ai* dans *plaine*, *eau* dans *bateau*, *ou* dans *moule*. Si plusieurs sons distincts se font entendre dans une même syllabe, ils forment une diphthongue : ainsi *ui* dans *lui*, *ia* dans *pia-no*, *ieu* dans *mi-lieu*.

DES CONSONNES.

8. — On appelle *consonnes*, les lettres qui ne peuvent *sonner* ou se prononcer qu'avec le secours des voyelles.

Ces lettres sont *b*, *c*, *d*, *f*, *g*, *h*, *j*, *k*, *l*, *m*, *n*, *p*, *q*, *r*, *s*, *t*, *v*, *x*, *z*. Suivant l'épellation moderne, on dit un *be*, un *ce*, un *de*, etc. (Acad.). — On peut y ajouter *w*, qui ne figure que dans des mots d'origine étrangère.

9. — La lettre *h* est improprement appelée consonne, car elle n'est qu'un signe d'aspiration dans certains mots. Elle est *muette*, lorsqu'elle est absolument nulle pour l'oreille, comme dans *l'hôte*, *inhumain*, qu'on prononce *l'ôte*, *inumain*. Elle est *aspirée*, lorsqu'elle fait séparer nettement dans la prononciation la syllabe précédente de la voyelle qui suit : *la hache*, *un héros*, *enhardir*.

DES SIGNES ORTHOGRAPHIQUES.

10. — Outre les caractères de l'alphabet, on emploie

---

5. Faites connaître les *voyelles simples*.

6. Quelles sont les diverses sortes d'*e* ?

7. Qu'appelle-t-on *voyelles composées* et *diphthongues* ?

8. Faites connaître les *consonnes*.

9. Qu'y a-t-il à observer relativement à la lettre *h* ?

10. Faites connaître les *accents*.

dans l'écriture de petits signes appelés *signes orthographiques,* dont les principaux sont :

L'*accent aigu*, qui se met sur l'*é fermé,* quand il termine une syllabe, *té-mé-ri-té.*

L'*accent grave*, qui se met principalement sur l'*è ouvert*, soit quand il termine une syllabe, *père*, soit devant un *s* final, *progrès*.

L'*accent circonflexe*, qui marque le plus souvent certaines voyelles *longues*, c'est-à-dire sur lesquelles on doit appuyer dans la prononciation, *âge*, *tête*, *apôtre*.

11. — Le *tréma* est un double point (··) que l'on met sur une voyelle pour la détacher, en la prononçant, d'une autre voyelle qui précède : *Moïse*, *naïf*, *Saül*, *ciguë*, doivent être prononcés *Mo-ïse*, *na-ïf*, *Sa-ül*, *cigu-ë*.

La *cédille* est un signe que l'on place sous la lettre *ç* pour lui donner, quand il est nécessaire, la prononciation de *s : façade*, *leçon*, *reçu*.

L'*apostrophe* (') marque l'*élision*, c'est-à-dire la suppression d'une voyelle finale, comme dans *l'ami*, *l'honneur*, *s'il m'aime*.

Le *trait d'union* (-) sert à lier certains mots qui n'en forment qu'un par le sens : *chef-lieu*, *tête-à-tête*.

DES PARTIES DU DISCOURS.

12. — On compte, dans la langue française, dix espèces de mots qu'on appelle *les parties du discours*, savoir : le *nom* ou *substantif*, l'*adjectif*, l'*article*, le *pronom*, le *verbe*, le *participe*, la *préposition*, l'*adverbe*, la *conjonction* et l'*interjection*.

13. — On appelle *phrase*, toute réunion de mots formant un sens complet, et *membre de phrase*, un ensemble de mots dont le sens est incomplet. Ces mots : *Pratiquer la vertu*, *c'est être heureux*, forment une phrase à deux membres.

---

11. Faites connaître le *tréma*, la *cédille*, l'*apostrophe*, le *trait d'union*.

12. Combien y a-t-il d'espèces de mots et quelles sont-elles ?

13. Qu'appelle-t-on *phrase* et *membre de phrase ?*

DIVISION.

14. — La grammaire se divise en deux parties principales : la *classification* ou *lexicologie*, qui examine les mots séparément et en eux-mêmes ; et la *syntaxe*, qui fournit les règles suivant lesquelles on les unit.

PREMIÈRE PARTIE.

CLASSIFICATION OU LEXICOLOGIE.

CHAPITRE PREMIER.

DU SUBSTANTIF.

15. — Le *nom* ou *substantif* est un mot qui sert à désigner une personne ou une chose (ACAD.).

16. — Il y a des *noms propres* et des *noms communs*.

Le *nom propre* est celui par lequel on distingue une personne ou une chose de toutes les autres, comme *Alexandre, Paris, la Seine*.

Les noms de peuples et ceux de montagnes sont aussi compris dans cette classe, quoiqu'ils désignent plusieurs individus ou plusieurs objets : *les Grecs, les Français, les Alpes*.

Le *nom commun* est celui qui convient à tous les individus ou à tous les objets de la même espèce : *homme, ville, fleuve, montagne*.

Tous les noms communs peuvent être précédés d'un des mots *le, la, les, un, une, des: le soleil, la terre, une plante, des hommes.* Mais un grand nombre de noms propres n'en sont point précédés: *Alexandre, César, Rome, Paris.*

---

14. Indiquez la division de la grammaire.
15. Faites connaître le *nom* ou *substantif*.
16. Distinguez les deux espèces de noms.

17. — Dans les noms, il faut considérer le *genre* et le *nombre*.

Il y a deux genres, le *masculin* et le *féminin:* le masculin s'applique aux noms d'hommes et de mâles, *père*, *lion;* le féminin s'applique aux noms de femmes et de femelles, *mère*, *lionne*. Mais l'usage étend aussi cette distinction aux objets inanimés : *arbre*, *vaisseau* sont du genre masculin; *étoile*, *fleur* sont du genre féminin.

18. — Il y a deux nombres, le *singulier* et le *pluriel :* le singulier, quand on parle d'une seule personne ou d'une seule chose, comme un *homme*, un *livre;* le pluriel, quand on parle de plusieurs personnes ou de plusieurs choses, des *hommes*, des *livres* (LHOMOND).

19. — Parmi les substantifs, on doit remarquer: 1° les *noms collectifs*, qui expriment une idée de pluralité, même lorsqu'ils sont employés au singulier : tels sont *foule*, *nombre*, *quantité;* 2° les *noms composés*, qui sont formés de deux ou de plusieurs mots distincts, réunis par un trait d'union, comme *basse-taille*, *chef-lieu*, *eau-de-vie;* 3° ceux qui désignent des choses que nous connaissons seulement par la raison et qui ne frappent point nos sens, comme *bonté*, *perfection*, *sagesse :* on les appelle *noms abstraits*.

DU GENRE DANS LES SUBSTANTIFS.

20. — Parmi les substantifs qui expriment l'état des personnes ou leurs professions, il en est plusieurs qui ont deux formes, l'une pour le masculin, l'autre pour le féminin.

Ceux d'entre eux qui finissent par un *e* muet, ont le féminin terminé en *esse :* *hôte*, *maître*, *prince*, font *hôtesse*, *maîtresse*, *princesse*. Mais *artiste*, *élève* et plusieurs autres ont le féminin semblable au masculin : *Cette dame est une* ARTISTE *distinguée*.

21. — Ceux qui ont pour finale *teur*, se terminent au fé-

---

17. Qu'y a-t-il à considérer dans les noms ? Faites connaître le *genre*.
18. Faites connaître le *nombre*.
19. Qu'appelle-t-on *noms collectifs*, *noms composés*, *noms abstraits ?*

20. Qu'y a-t-il à observer sur les noms qui expriment l'état des personnes ou leurs professions ?
21. Indiquez la forme du féminin pour les noms terminés en *teur*.

minin en *trice : lecteur*, *lectrice ; tuteur*, *tutrice*. — Exceptions : *serviteur* fait *servante ; chanteur* fait *cantatrice*, s'il s'agit d'une personne habile à chanter, et *chanteuse* dans les cas ordinaires.

Mais si la finale *eur* n'est point précédée de *t*, le féminin se fait le plus souvent en *euse : danseur*, *danseuse ; glaneur*, *glaneuse*. — Observez que *gouverneur* fait *gouvernante ; pécheur* (qui commet des péchés), *pécheresse ; chasseur*, *chasseresse* (en poésie), ou autrement *chasseuse*.

22. — La plupart des autres noms de cette espèce ont des formations irrégulières : *devin*, *devineresse ; paysan*, *paysanne*. L'usage fait connaître ces différences.

* Il est un certain nombre de substantifs sur le genre desquels on fait quelquefois erreur, voici les principaux :

SONT MASCULINS :

Abîme.	Balustre.	Héritage.	Omnibus.
Acabit.	Camée.	Horoscope.	Ongle.
Accessoire.	Cigare.	Hospice.	Onguent.
Albâtre.	Cloporte.	Indice.	Orage.
Amadou.	Concombre.	Incendie.	Orchestre.
Amiante.	Crabe.	Interstice.	Orifice.
Amidon.	Décombres.	Intervalle.	Otage.
Anathème.	Éloge.	Inventaire.	Ouvrage.
Anchois.	Empois.	Isthme.	Ovale.
Anniversaire.	Épilogue.	Ivoire.	Panache.
Antidote.	Épisode.	Légume.	Parafe.
Antipode.	Équinoxe.	Lièvre.	Pétale.
Apologue.	Esclandre.	Midi.	Rebours.
Armistice.	Évangile.	Monticule.	Renne.
Astérisque.	Exorde.	Obélisque.	Squelette.
Augure.	Hémisphère.	Obstacle.	Ulcère.
Auspice.	Hémistiche.	Obus.	Ustensile.

SONT FÉMININS :

Accolade.	Avalanche.	Horloge.	Offre.
Agrafe.	Dinde.	Huile.	Outre.
Alcôve.	Ébène.	Idole.	Paroi.
Amnistie.	Éclipse.	Image.	Patère.
Amorce.	Écritoire.	Immondice.	Pédale.
Argile.	Équivoque.	Insomnie.	Prémices.
Armoire.	Étable.	Nacre.	Sandaraque.

---

22. Qu'y a-t-il à observer sur les mots *devin*, *paysan*, etc. ?

Remarques. 1° *Estafette*, *recrue*, *sentinelle* et *vedette*, quoique désignant ordinairement des hommes, sont cependant toujours des noms féminins : *une estafette*, *une recrue*, *une sentinelle*, *une vedette*.

2° Les substantifs *amateur*, *auteur*, *docteur*, *écrivain*, *géomètre*, *graveur*, *médecin*, *orateur*, *peintre*, *philosophe*, *poëte*, *traducteur*, *sculpteur*, *témoin*, etc., restent au masculin quand ils s'appliquent à des femmes : *Mme de Sévigné est* UN AUTEUR CHARMANT. *Cette femme est* UN TÉMOIN DANGEREUX.

DU NOMBRE DANS LES NOMS COMMUNS.

23. — *Formation du pluriel; règle générale.* On forme le pluriel dans la plupart des noms communs, en ajoutant un *s* au singulier : *un homme*, *des hommes*; *une fleur*, *des fleurs*.

24. — *Règles particulières.* 1° Les substantifs terminés au singulier par *s*, *x*, *z*, s'écrivent de même au pluriel : *un lis*, *des lis*; *la voix*, *des voix*; *un nez*, *des nez*.

25. — 2° Les noms terminés au singulier par *au*, *eu*, *eau*, prennent *x* au pluriel : *un étau*, *des étaux*; *un cheveu*, *des cheveux*; *un bateau*, *des bateaux*.

26. — 3° Les substantifs suivants, *bijou*, *caillou*, *chou*, *genou*, *hibou*, *joujou*, *pou*, prennent également un *x* au pluriel : *des bijoux*, *des cailloux*, etc. Mais les autres noms terminés en *ou* rentrent dans la règle générale et prennent un *s* : *des clous*, *des sous*, *des verrous*, etc.

27. — 4° Quelques noms terminés au singulier par *al* ou *ail*, ont le pluriel en *aux* : *un cheval*, *des chevaux*; *un émail*, *des émaux*; mais *bal*, *carnaval*, *régal* et quelques autres moins usités, prennent un *s* : *bals*, *carnavals*, *régals*; de même *attirail*, *éventail*, *gouvernail*, *portail*, font *attirails*, *éventails*, etc. — *Ail* fait *aulx*; mais en botanique on écrit des *aïls*; *bétail* fait *bestiaux*.

28. — *Remarque.* L'usage a autorisé longtemps la sup-

---

23. Comment forme-t-on le pluriel dans la plupart des noms communs?

24. Indiquez le pluriel des substantifs terminés par *s*, *x*, *z*.

25. Indiquez le pluriel des substantifs terminés par *au*, *eu*, *eau*.

26. Indiquez le pluriel des substantifs terminés en *ou*.

27. Indiquez le pluriel des substantifs terminés par *al* ou par *ail*.

28. Qu'y a-t-il à observer sur le pluriel des noms terminés en *ant* ou en *ent*?

pression du *t* au pluriel, dans les noms terminés en *ant* ou en *ent*. Ainsi l'on écrivait indifféremment *enfants* et *enfans*; *talents* et *talens*. Mais on doit aujourd'hui conserver ce *t* au pluriel. — *Gens* est le seul substantif de cette terminaison qui ne prenne point de *t*.

SUBSTANTIFS QUI ONT DEUX FORMES AU PLURIEL.

29. — Quelques substantifs ont deux formes pour le pluriel, selon les sens divers qu'ils expriment.

AIEUL fait *aïeux* dans le sens d'une suite de générations passées: *Ce droit lui vient de ses* AÏEUX; *c'était la mode chez nos* AÏEUX (ACAD.). Il fait *aïeuls* pour désigner le grand-père paternel et le grand-père maternel: *Ses deux* AÏEULS *assistaient à son mariage* (ACAD.). On dit aussi *les bisaïeuls, les trisaïeuls*, et au féminin *une aïeule, des aïeules*.

30. — CIEL fait *cieux* dans le sens de firmament: *Les* CIEUX *annoncent la gloire de Dieu*. — Il fait *ciels* dans *ciels de lits, ciels de tableaux*, et dans les cas analogues: *Ce peintre fait bien les* CIELS.

31. — ŒIL fait *yeux*, dans le sens d'organe de la vue et dans la plupart des autres acceptions: *Un pain qui a des* YEUX; *un fromage qui n'a point d'*YEUX; *le bouillon est très-gras, il a beaucoup d'*YEUX (ACAD.); — mais quand il peut y avoir lieu à équivoque, on dit des *œils*: ŒILS-DE-BOEUF se dit de petites fenêtres rondes, pour éviter toute confusion avec les *yeux d'un bœuf*.

CHAPITRE II.

DE L'ADJECTIF.

32. — L'*adjectif* est un mot que l'on joint au substantif pour exprimer une qualité.

Dans ces exemples: *l'homme est* INDUSTRIEUX, *la terre est* RONDE, les mots *industrieux, ronde*, sont des adjectifs, parce qu'ils expriment une qualité, une manière d'être de l'*homme* ou de la *terre*.

---

29. N'y a-t-il pas des substantifs qui ont deux formes pour le pluriel? Quels sont les deux pluriels du mot *aïeul*?

30. Quels sont les deux pluriels du substantif *ciel*?

31. Quels sont les deux pluriels du substantif *œil*?

32. Faites connaître l'adjectif et ses principales sortes.

On appelle aussi adjectifs certains mots qui *déterminent* un substantif, c'est-à-dire qui font connaître d'une manière précise, particulière, l'individu ou l'objet exprimé. Si je dis : VOTRE *ami vous sert bien; prêtez-moi* CE *livre*, je précise clairement ou je *détermine*, à l'aide des mots *votre* et *ce*, de quel *ami*, de quel *livre* il s'agit; ainsi ces deux mots sont des adjectifs.

Il suit de là qu'on doit distinguer deux sortes d'adjectifs, les uns *qualificatifs*, les autres *déterminatifs*.

I. — DES ADJECTIFS QUALIFICATIFS.

33. — Quoique l'*adjectif qualificatif* exprime une qualité, il peut aussi quelquefois être employé comme substantif.

On reconnaît qu'un mot est adjectif, s'il est joint ou s'il peut se rapporter à un nom de personne ou de chose, comme : *une personne* HONNÊTE; *ce discours est* VRAI. Mais ces mots *honnête*, *vrai*, sont des substantifs, lorsqu'ils sont précédés de *le*, *la*, *les* : LE VRAI *persuade;* L'HONNÊTE *séduit;* c'est-à-dire *la vérité persuade*, *l'honnêteté séduit*.

34. — La nature de l'adjectif est de se joindre étroitement au substantif, et comme la terminaison en est variable, il doit être mis au masculin ou au féminin, au singulier ou au pluriel, selon le genre ou le nombre du nom auquel il est joint. — En exprimant une qualité, il peut aussi l'exprimer avec plus ou moins de force; c'est ce qu'on a appelé *degrés de signification*.

Il y a donc trois choses à considérer dans les adjectifs : le *genre*, le *nombre* et les *degrés de signification*.

DU GENRE. — FORMATION DU FÉMININ.

Des adjectifs terminés par des voyelles.

35. — Les adjectifs terminés au masculin par un *e* muet, ne changent point au féminin : *aimable, facile, ordinaire*,

---

33. L'adjectif ne peut-il pas quelquefois être employé pour un substantif?

34. Comment les adjectifs expriment-ils le genre, le nombre et les degrés de signification ?

35. Quel est le féminin des adjectifs terminés au masculin par un *e* muet?

utile, etc., ont la même terminaison pour les deux genres.

36. — Les adjectifs terminés au masculin par une voyelle simple autre que l'*e* muet, prennent cet *e* au féminin : *sensé, sensée ; poli, polie* ; — excepté *favori*, qui fait *favorite*.

37. — Les adjectifs terminés par une voyelle composée finissent ainsi au féminin : ceux en *ou* font *olle* : *fou, mou ; folle, molle* ; ceux en *eau* font *elle* : *beau, nouveau ; belle, nouvelle*. — *Bleu* et *vrai*, rentrent dans la règle précédente, *bleue, vraie*.

Le féminin des adjectifs en *ou* et en *eau* se forme des masculins *fol, mol, bel, nouvel*, qui ne sont usités maintenant que lorsque le mot suivant commence par une voyelle ou par un *h* muet : *fol amour, mol abandon, bel homme, nouvel an*.

Des adjectifs terminés par des consonnes.

38. — Les adjectifs terminés par deux ou par trois consonnes, prennent un *e* muet au féminin : *blond, blonde ; grand, grande ; prompt, prompte*. — Exceptions : *blanc* et *franc* font *blanche* et *franche, long* fait *longue*.

39. — Les adjectifs terminés en *el* ou en *eil*, en *en* ou en *on*, doublent toujours la consonne finale en prenant un *e* muet : *cruel, cruelle ; pareil, pareille ; ancien, ancienne ; bouffon, bouffonne*.

40. — Ceux qui sont terminés par *f*, prennent à la place de cette consonne un *v* avec un *e* muet : *bref, brève ; neuf, neuve*.

Ceux qui sont terminés par *x*, forment le féminin par le changement de cette lettre en *s* avec un *e* muet : *heureux, heureuse ; courageux, courageuse*. — Exceptions : *doux* fait *douce ; roux* et *faux* font *rousse* et *fausse ; vieux* fait *vieille*.

---

36. Quel est le féminin des adjectifs terminés par un voyelle simple autre que l'*e* muet ?

37. Quel est le féminin d'un adjectif terminé par une voyelle composée ?

38. Comment forme-t-on le féminin dans les adjectifs terminés par deux ou par trois consonnes ?

39. Comment le forme-t-on dans les adjectifs en *el* ou en *eil*, en *en* ou en *on* ?

40. Comment le forme-t-on dans ceux qui sont terminés par *f* ou par *x* ?

Ce dernier a été anciennement formé de *vieil*, qui ne s'emploie aujourd'hui que rarement, et devant une voyelle ou un *h* muet : *mon vieil ami ; le vieil homme* (l'homme pécheur).

41. — Les adjectifs terminés en *eur* au masculin, suivent des formations diverses, comme les substantifs qui ont cette finale (21). Ceux qui réveillent une idée d'ordre, de rang, prennent simplement un *e* muet : *antérieur, antérieure ; supérieur, supérieure ;* — d'autres font *euse : grondeur, grondeuse ; trompeur, trompeuse ;* — quelques-uns font *eresse : vengeur, vengeresse.* — Enfin il en est où l'on change la terminaison *teur* en *trice : consolateur, consolatrice ; spoliateur, spoliatrice.*

42. — Les adjectifs dont la finale s'écarte des cas précédents, prennent tous aussi un *e* muet ; mais les uns doublent leur dernière consonne, tandis que les autres ne la doublent pas. Ces différences échappent à toute règle.

Ainsi,	*sot*,	fait	*sotte ;*	mais	*dévot*,	fait	*dévote ;*
	épais,		*épaisse ;*		*niais*,		*niaise ;*
	bas,		*basse ;*		*ras*,		*rase ;*
	net,		*nette ;*		*complet*,		*complète.*

Remarque. Lorsque la consonne finale ne se double pas et qu'elle est placée au féminin entre deux *e*, le premier de ces *e* prend l'accent grave *amer, amère ; discret, discrète.*

Des adjectifs irréguliers.

43. — On ne peut énumérer ici tous les adjectifs *irréguliers ;* il suffit d'indiquer les suivants : *bénin* et *malin* font *bénigne* et *maligne ;* — *public* et *caduc*, *publique, caduque ; frais, fraîche ;* — *sec, sèche ;* — *turc* et *grec, turque* et *grecque.* — *Fat, châtain, dispos* et quelques autres peu usités n'ont pas de féminin.

DU NOMBRE. — FORMATION DU PLURIEL.

44. — *Règle.* On forme le pluriel dans les adjectifs, soit

---

41. Comment forme-t-on le féminin des adjectifs terminés en *eur ?*

42. Qu'y a-t-il à observer sur ceux qui s'écartent des principales règles ?

43. Indiquez quelques adjectifs dont le féminin est irrégulier.

44. Comment forme-t-on le pluriel dans les adjectifs ?

au masculin, soit au féminin, par l'addition d'un *s* : *bon, bons ; bonne, bonnes.*

Tout perd le *t* au pluriel masculin en prenant un *s* : TOUS *les hommes.*

Ainsi que dans les substantifs terminés en *ant* ou en *ent*, on ne doit point supprimer le *t* au pluriel dans les adjectifs qui ont cette terminaison : *des lieux* CHARMANTS ; *des généraux* PRUDENTS.

45. — *Exceptions.* 1° Les adjectifs terminés en *s*, *x*, ne changent point au pluriel masculin : ainsi, *gros*, *heureux*, s'écrivent de la même manière dans les deux nombres.

2° Les adjectifs qui finissent par *eau*, prennent *x* au masculin pluriel : *beaux*, *jumeaux*, *nouveaux*.

3° Ceux qui sont terminés en *al*, ont également le pluriel en *aux* : *moral*, *moraux ; social*, *sociaux*. — Mais *fatal* fait *fatals* (peu usité).

Il en est huit dont l'Académie dit qu'ils n'ont point de pluriel masculin, savoir : *amical*, *automnal*, *colossal*, *glacial*, *frugal*, *jovial*, *natal*, *naval*. — Un grand nombre d'autres ne qualifient ordinairement que des pluriels féminins : *des positions* CENTRALES, *des plantes* MÉDICINALES ; aussi l'on ne peut indiquer si le pluriel masculin de ces adjectifs doit être en *als* ou en *aux*.

DEGRÉS DE SIGNIFICATION.

46. — On a vu que l'adjectif peut exprimer avec plus ou moins de force la qualité du substantif auquel il est joint : ainsi *beau*, *plus beau*, *très-beau*, marquent différents degrés de beauté dans un objet.

Il y a trois degrés de signification dans les adjectifs : le *positif*, le *comparatif* et le *superlatif*.

47. — Le POSITIF exprime la qualité simplement, d'une manière *positive* : c'est l'adjectif lui-même. Dans ces exemples : *l'homme* POLI, *l'enfant* STUDIEUX, *poli*, *studieux*, sont des adjectifs employés au positif.

---

45. Quelles exceptions y a-t-il à la règle de formation du pluriel dans les adjectifs?

46. Combien y a-t-il de *degrés de signification* dans les adjectifs?

47. Qu'est-ce que le *positif*?

48. — Le COMPARATIF exprime la qualité avec comparaison ; il est de trois sortes, selon qu'il y a *supériorité*, *égalité* ou *infériorité* de l'objet principal, relativement à celui qu'on lui compare.

On forme le *comparatif de supériorité*, en mettant *plus* devant l'adjectif : *le savoir est* PLUS UTILE *que la richesse.*

On forme le *comparatif d'égalité* par le mot *aussi*, que l'on met devant l'adjectif, ou *autant*, que l'on met après : *l'adresse est* AUSSI PRISÉE *que la force ; la Fontaine est* PROFOND AUTANT *que naïf.*

Le *comparatif d'infériorité* est formé par le mot *moins*, placé devant l'adjectif : *l'Afrique est* MOINS GRANDE *que l'Asie.*

Remarque. Nous avons trois adjectifs qui expriment seuls une comparaison : *meilleur*, au lieu de *plus bon*, qui ne se dit pas; *moindre*, au lieu de *plus petit; pire*, au lieu de *plus mauvais;* comme : *la vertu est* MEILLEURE *que la science*, *le mensonge est* PIRE *que l'indocilité* (LHOMOND).

49. — Le SUPERLATIF exprime la qualité portée au plus haut degré.

Il y a deux superlatifs, l'un *absolu*, l'autre *relatif*. Le *superlatif absolu* exprime la qualité portée au plus haut degré, sans aucune comparaison. On le forme en mettant *fort*, *très*, *bien* et autres mots semblables, devant l'adjectif : *l'air est un corps* TRÈS-LÉGER.

Le *superlatif relatif* exprime la qualité portée au plus haut degré, avec une sorte de comparaison. On le forme en mettant *le*, *la*, *les*, *mon*, *ton*, *son*, *notre*, *votre*, *leur*, devant le comparatif : LE PLUS BEAU *fruit*, MON MEILLEUR *ami.*

Remarque. Certains adjectifs n'ont ni comparatif ni superlatif, parce qu'ils expriment par eux-mêmes toute l'étendue possible de la qualité : tels sont *éternel*, *immense*, *infini*, etc.

II. — DES ADJECTIFS DÉTERMINATIFS.

50. — Les *adjectifs déterminatifs* ajoutent au substantif des idées particulières de *possession*, d'*indication*, de *nombre*, de *généralité*. On en distingue quatre sortes, savoir :

---

48. Qu'est-ce que le *comparatif?*
49. Qu'est-ce que le *superlatif?*
50. Qu'expriment généralement les adjectifs *déterminatifs?*

les *adjectifs possessifs*, les *démonstratifs*, les *numéraux* et les *indéfinis*.

ADJECTIFS POSSESSIFS.

51. — Les adjectifs *possessifs* s'emploient pour exprimer la *possession*.

SING. MASC. *mon, ton, son, notre, votre, leur ;*
SING. FÉM. *ma, ta, sa, notre, votre, leur ;*
PLUR. DES DEUX GENRES : *mes, tes, ses, nos, vos, leurs.*

Remarque. Mon, ton, son, s'emploient au féminin devant une voyelle ou un *h* muet : on dit *mon âme* pour *ma âme ; ton humeur* pour *ta humeur ; son épée* pour *sa épée* (LHOMOND).

ADJECTIFS DÉMONSTRATIFS.

52. — Les adjectifs *démonstratifs* s'emploient lorsque, dans le discours, on semble indiquer la personne ou l'objet dont on est occupé ; ce sont :

Ce, cet, pour le singulier masculin ;
Cette, pour le singulier féminin ;
Ces, pour le pluriel des deux genres.

Remarque. On met *ce* devant les noms qui commencent par une consonne ou un *h* aspiré : *ce village, ce hameau.* On met *cet* devant une voyelle ou un *h* muet : *cet oiseau, cet homme* (LHOMOND).

Les particules *ci* et *là*, placées après les substantifs, servent à les distinguer quand il y a deux ou plusieurs indications. *Cet homme-ci, ce livre-ci ; cet homme-là, ce livre-là,* se disent, les premiers, de l'individu et de l'objet les plus proches ; les autres, de l'individu et de l'objet les plus éloignés.

ADJECTIFS NUMÉRAUX.

53. — Les adjectifs *numéraux* ajoutent au substantif une idée de nombre ou d'ordre ; il y en a conséquemment de deux sortes.

On appelle *adjectifs numéraux cardinaux* ceux qui expriment le nombre.

Un, deux, trois, quatre, cinq, six, sept, huit, neuf, dix, onze... seize, dix-sept, dix-huit, dix-neuf, vingt, vingt et un, vingt-deux...

---

51. Faites connaître les adjectifs *possessifs.*
52. Faites connaître les adjectifs *démonstratifs.*
53. Faites connaître les adjectifs *numéraux.*

trente... soixante, soixante et dix, quatre-vingts, quatre-vingt-dix, cent, mille, etc.

On appelle *adjectifs numéraux ordinaux* ceux qui marquent l'ordre ou le rang :

Premier, second ou *deuxième, troisième, quatrième, cinquième, sixième, septième, huitième, neuvième, dixième... vingtième, vingt et unième, vingt-deuxième*, etc.

ADJECTIFS INDÉFINIS.

54. — Les adjectifs *indéfinis* marquent ordinairement une quantité, mais sans indiquer un nombre exact, comme quand on dit : QUELQUES *hommes sont charitables*, PLUSIEURS *enfants sont légers*, on ne dit point exactement combien il y a d'*hommes charitables*, combien il y a d'*enfants légers*. Ces adjectifs sont :

Quelque, plusieurs, chaque, autre, même ; quel, quelle ; quelconque, etc.

Il faut y joindre ceux qui marquent la *totalité*, le *manque*, l'*absence :*

Tout, toute ; aucun, aucune ; nul, nulle, et autres semblables.

CHAPITRE III.

DE L'ARTICLE.

55. — L'*article le, la, les*, est un mot qui précède ordinairement les substantifs communs, et qui en exprime le genre et le nombre.

On place l'article *le*, avant un nom masculin singulier, LE PÈRE ; *la*, avant un nom féminin singulier, LA MÈRE ; *les*, avant les noms pluriels, quel qu'en soit le genre, LES PÈRES, LES MÈRES.

56. — On supprime la voyelle dans l'article *le* ou *la*, quand le mot suivant commence par une voyelle ou par un *h* muet : ainsi l'on dit *l'ennui* pour *le ennui ; l'histoire* pour

---

54. Faites connaître les adjectifs *indéfinis*.
55. Qu'est-ce que l'*article?*
56. Qu'appelle-t-on *élision* de l'article?

la histoire; et alors on remplace la voyelle retranchée par une apostrophe (') ; mais on dira *le héros*, *la hardiesse*, parce que dans ces mots *h* est aspiré. Cette suppression d'une voyelle s'appelle *élision.*

Exceptions. On dit sans élision *le oui et le non ; le onze, le onzième ; de la ouate.*

57. — Lorsque les mots *de* ou *à* précèdent l'article *le*, ils se combinent avec lui devant tout nom qui commence par une consonne ou par un *h* aspiré. On dira donc *du pain, au hameau*, et non *de le pain, à le hameau.* Cette combinaison de deux mots en un est appelée *contraction.* Elle n'a jamais lieu devant une voyelle ou un *h* muet : *à l'amour, de l'homme.*

La contraction a lieu également au pluriel pour l'article *les*, et les mots *à, de,* dans tous les cas : *des pères, des héros; aux hommes, aux étoiles.*

On appelle *le, la, les,* article *simple ; du, des, au, aux,* article *composé* ou *contracté.*

CHAPITRE IV.

DU PRONOM.

58. — Le *pronom* est un mot que l'on met le plus souvent à la place d'un *nom,* soit pour en éviter la répétition, soit pour en rappeler seulement l'idée.

Dans cet exemple : *Dieu est bon, mais* IL *est juste,* le mot *il* est un pronom qui tient la place du substantif *Dieu;* c'est comme s'il y avait *Dieu est bon, mais* DIEU *est juste.*

ON *ne peut désirer ce qu'*ON *ne connaît pas. On* est aussi un pronom qui rappelle seulement l'idée de *homme* : L'HOMME *ne peut désirer,* etc.

Le pronom peut également être employé pour un adjectif : *Cet enfant est fort* STUDIEUX, *son frère ne* LE *sera pas moins; le* tient la place de l'adjectif *studieux.*

On distingue cinq sortes de pronoms, appelés *pronoms personnels, possessifs, démonstratifs, relatifs,* et *indéfinis.*

---

57. Qu'appelle-t-on *contraction* de l'article?

59. Qu'est-ce que le *pronom?*

PRONOMS PERSONNELS.

59. — On appelle *personne*, en grammaire, le rôle des individus ou des objets dans le discours.

Il y a trois personnes : la *première* est celle qui parle, la *seconde* celle à qui l'on parle, la *troisième* celle de qui l'on parle (LHOMOND).

60. — Les pronoms *personnels* sont ainsi appelés, parce qu'ils désignent essentiellement les *personnes grammaticales*. On peut les classer ainsi :

1re PERS. sing. *je, me, moi ;* plur. *nous ;* — pour les deux genres.
2e PERS. sing. *tu, te, toi ;* plur. *vous ;* — pour les deux genres.
3e PERS. sing. masc. *il, le ;* sing. fém. *elle, la ;* — pour les deux genres, *lui, soi, se.*
Plur. masc. *ils, eux ;* plur. fém. *elles ;* — pour les deux genres, *les, leur, soi, se.*

Remarque. *Le, la, les,* sont quelquefois pronoms et quelquefois articles. L'article est toujours suivi d'un nom : *le frère, la sœur, les hommes ;* au lieu que le pronom est toujours joint à un verbe, comme *je le connais, je la respecte, je les estime* (LHOMOND).

PRONOMS POSSESSIFS.

61. — Les pronoms *possessifs* remplacent les substantifs, en exprimant une idée de possession :

	SING. MASC.	SING. FÉM.	PLUR. MASC.	PLUR. FÉM.
1re PERS.	*Le mien,*	*la mienne,*	*les miens,*	*les miennes.*
2e PERS.	*Le tien,*	*la tienne,*	*les tiens,*	*les tiennes.*
3e PERS.	*Le sien,*	*la sienne,*	*les siens,*	*les siennes.*
1re PERS.	*Le nôtre,*	*la nôtre,*	*les nôtres,*	*les nôtres.*
2e PERS.	*Le vôtre,*	*la vôtre,*	*les vôtres,*	*les vôtres.*
3e PERS.	*Le leur,*	*la leur,*	*les leurs,*	*les leurs.*

Remarques. 1° *Leur,* pronom, ne prend jamais *s* à la fin, et il est toujours joint à un verbe. Alors il signifie *à eux, à elles : Ces enfants ont été sages, je* LEUR *donnerai un prix.* — *Leur,* adjectif possessif suivi d'un nom pluriel, prend *s ;* alors il signifie *d'eux, d'elles : un père aime ses enfants, mais il n'aime pas* LEURS *défauts* (LHOMOND).

2° On ne met point d'accent sur *notre, votre,* adjectifs : *votre père,*

---

59. Qu'appelle-t-on *personne* en grammaire ?
60. Faites connaître les pronoms *personnels.*
61. Faites connaître les pronoms *possessifs.*

notre maison; mais on met un accent circonflexe sur *ô*, dans *le nôtre, le vôtre*, pronoms: *mon livre est plus beau que le vôtre.*

PRONOMS DÉMONSTRATIFS.

62. — Les pronoms *démonstratifs* s'emploient comme pour *montrer* les personnes ou les choses, quand le nom est placé avant ou qu'il n'est pas exprimé; ce sont:

SING. MASC. *Ce, celui, celui-ci, celui-là, ceci, cela.*
SING. FÉM. *Celle, celle-ci, celle-là.*
PLUR. MASC. *Ceux, ceux-ci, ceux-là.*
PLUR. FÉM. *Celles, celles-ci, celles-là.*

Remarque. Ne confondez pas *ce*, pronom démonstratif, avec *ce*, adjectif démonstratif; *ce*, pronom, accompagne toujours le verbe *être*, ou bien les pronoms *qui, que*, etc.: CE *sera moi*, CE *qui nous intéresse;* — *ce*, adjectif, est toujours suivi d'un substantif: CE *livre*, CE *héros.*

PRONOMS RELATIFS.

63. — Les pronoms *relatifs* sont ainsi nommés, parce qu'ils se trouvent presque toujours en *relation*, en rapport immédiat avec le nom ou le pronom qu'ils représentent, et qu'on nomme leur antécédent. Ces pronoms sont:

Qui, que, dont ou *de qui, en, y:* des deux genres et des deux nombres.

Quoi: singulier masculin.
Auquel, duquel, lequel: singulier masculin.
Auxquels, desquels, etc.: pluriel masculin.
A laquelle, de laquelle, etc.: singulier féminin.
Auxquelles, desquelles, etc.: pluriel féminin.

Dans ces exemples: DIEU QUE *j'adore;* L'HOMME DONT *vous appréciez le génie, que* et *dont* sont des pronoms relatifs, qui ont pour antécédents *Dieu* et *homme.*

Il y a des pronoms *interrogatifs: qui? que? quel? quelle?* comme quand on dit: *qui a fait cela? que vous dirai-je? Qui* ou *que* est interrogatif, quand il n'a point d'antécédent, et qu'on peut le tourner par *quelle personne?* ou *quelle chose?* Dans les deux exemples ci-dessus, on peut dire: *quelle personne a fait cela? quelle chose vous dirai-je?* (LHOMOND.)

---

62. Faites connaître les pronoms *démonstratifs.*

63. Faites connaître les pronoms *relatifs.*

PRONOMS INDÉFINIS.

64. — Les pronoms *indéfinis* sont ceux qui ont une signification générale, comme quand je dis : ON *frappe à la porte;* QUELQU'UN *vous appelle;* je parle d'une personne, mais je ne désigne pas laquelle. Parmi ces pronoms, il y en a de *simples* et de *composés*.

PRONOMS SIMPLES : *Autrui; chacun, chacune; nul, nulle; on; personne; plusieurs, quiconque, rien; tel, telle; tout.*

PRONOMS COMPOSÉS : *L'un, l'autre; quelque chose; quelqu'un, quelqu'une; qui que ce soit, quoi que ce soit.*

65. — La plupart de ces mots sont tantôt adjectifs et tantôt pronoms. On les appelle adjectifs indéfinis quand ils sont joints à un substantif; comme TOUS *les enfants*, NULLE *faute*. Mais ils sont pronoms indéfinis quand ils ne sont pas joints à un nom et qu'ils en tiennent la place. Ainsi dans ces exemples : TOUT *me fatigue*, NUL *n'est innocent*, les mots *tout*, *nul*, sont des pronoms, parce qu'ils ne sont pas joints à des substantifs, et qu'ils en tiennent au contraire la place; car on veut dire *chaque chose me fatigue, aucun homme n'est innocent.*

CHAPITRE V.

DU VERBE.

66. — Le *verbe* est un mot dont on se sert pour exprimer que l'on est ou que l'on fait quelque chose (LHOMOND).

Il marque l'état ou l'action des personnes ou des choses. Dans cet exemple : *je* SOUFFRE *toujours*, *souffre* exprime que l'on est dans tel état, un état de souffrance; ce mot est donc un verbe. Dans cet autre exemple : *le vent* CHASSE *les nuages*, *chasse* exprime l'action que fait le vent sur les nuages; ce mot est donc encore un verbe.

---

64. Faites connaître les pronoms *indéfinis*.

65. Comment certains mots sont-ils tantôt adjectifs indéfinis et tantôt pronoms?

66. Qu'est-ce que le *verbe?*

DES MODIFICATIONS DU VERBE.

67. — Le verbe peut recevoir divers changements dans sa terminaison. Ainsi, dans le verbe *aimer*, nous trouvons : *j'aim*E, *tu aim*AS, *il aim*ERA, *qu'ils aim*ASSENT, etc.

Ces modifications sont de quatre sortes : le *mode*, le *temps*, le *nombre* et la *personne*.

68. — DES MODES. Le mode présente d'une manière particulière l'état ou l'action qu'exprime le verbe.

Il y a cinq modes, l'*indicatif*, le *conditionnel*, l'*impératif*, le *subjonctif* et l'*infinitif*.

69. — L'*indicatif* exprime l'état ou l'action d'une manière positive : *je* DESCENDS, *je* PARTIS, *j'*ÉCRIRAI.

Le *conditionnel* les fait dépendre d'une condition : *j'*ÉCRIRAIS, *si j'en avais le temps*.

L'*impératif* y joint une idée de commandement ou d'exhortation : SORTEZ ; FAITES *cette bonne œuvre*.

Le *subjonctif* présente l'état ou l'action sous la dépendance d'un sentiment de désir, de crainte, de doute, etc. *Je souhaite que vous* RÉUSSISSIEZ.

L'*infinitif* les énonce d'une manière générale, indéfinie : *Il est doux de* SERVIR *le Seigneur*.

On peut joindre à l'infinitif le *participe*, qui est un mot dérivé du verbe et qui exprime aussi l'état ou l'action d'une manière générale : *un élève* REMPLISSANT *ses devoirs ; un enfant* AIMÉ.

70. — DES TEMPS. Le *temps* est la forme que prend le verbe pour exprimer à quelle époque, passée, présente ou à venir, correspond l'état ou l'action.

Il y a trois temps : le *présent*, qui marque que la chose est ou se fait actuellement, comme *je lis ;* le *passé* ou *prétérit*, qui marque que la chose a été faite, comme *j'ai lu ;* le *futur*, qui marque que la chose sera ou se fera, comme *je lirai* (LHOMOND).

---

67. Le verbe ne peut-il pas recevoir des changements dans sa terminaison ?

68. Qu'est-ce que le *mode* en général ? Combien y a-t-il de modes ?

69. Faites connaître chaque mode en particulier.

70. Qu'est-ce que le *temps* dans les verbes ?

71. — Du nombre. Le *nombre* est la forme que prend le erbe dans chaque temps, pour exprimer l'unité ou la pluralité. Dans *je parl*E, *tu écout*ES, les finales *e*, *es*, indiquent e singulier : dans *nous parl*ONS, *vous écout*EZ, les finales *ns*, *ez*, indiquent le pluriel.

72. — Des personnes. La terminaison du verbe peut ncore indiquer les trois PERSONNES GRAMMATICALES. Dans *ous croy*ONS, la forme *ons* indique la 1re personne ; dans *ous croy*EZ, la forme *ez* indique la 2e personne ; dans *ils voi*ENT, la forme *ent* indique la 3e personne.

DE LA CONJUGAISON.

73. — La *conjugaison* offre, pour chaque verbe, le taleau de tous les changements de mode, de temps, de ombre et de personne.

On reconnaît qu'un mot est un verbe lorsque, à l'aide de ces modi-ations, on peut successivement placer devant lui les pronoms pe-nnels *je*, *tu*, *il*, *nous*, *vous*, *ils*, comme *je marche*, *tu marches*, *il arche*, *nous marchons*, etc.

Il y a deux verbes qui aident à conjuguer tous les autres, que pour cela on nomme *auxiliaires* : c'est le verbe *avoir* le verbe *être*.

VERBE AUXILIAIRE *AVOIR*.

Temps primitifs : *avoir*, *ayant*, *eu*, *j'ai*, *j'eus*.

INDICATIF.

PRÉSENT.

J'ai.
Tu as.
Il *ou* elle a.
Nous avons.
Vous avez.
Ils *ou* elles ont.

IMPARFAIT *ou* PASSÉ SIMULTANÉ.

'ais.
avais.
u elle avait.
s avions.
Vous aviez.
Ils *ou* elles avaient.

PASSÉ DÉFINI.

J'eus.
Tu eus.
Il *ou* elle eut.
Nous eûmes.
Vous eûtes.
Ils *ou* elles eurent.

PASSÉ INDÉFINI.

J'ai eu.
Tu as eu.
Il *ou* elle a eu.

. Qu'est-ce que le *nombre* ?
. Quelles sont les *personnes* ?
. Qu'appelle-t-on *conjuguer* ?
Comment reconnaît-on un verbe ?
Quels sont les verbes auxiliaires ?

Nous avons eu.
Vous avez eu.
Ils *ou* elles ont eu.

PASSÉ ANTÉRIEUR (*peu usité*).

J'eus eu.
Tu eus eu.
Il *ou* elle eut eu.
Nous eûmes eu.
Vous eûtes eu.
Ils *ou* elles eurent eu.

PLUS-QUE-PARFAIT.

J'avais eu.
Tu avais eu.
Il *ou* elle avait eu.
Nous avions eu.
Vous aviez eu.
Ils *ou* elles avaient eu.

FUTUR.

J'aurai.
Tu auras.
Il *ou* elle aura.
Nous aurons.
Vous aurez.
Ils *ou* elles auront.

FUTUR ANTÉRIEUR *dit* FUTUR PASSÉ.

J'aurai eu.
Tu auras eu.
Il *ou* elle aura eu.
Nous aurons eu.
Vous aurez eu.
Ils *ou* elles auront eu.

CONDITIONNEL.

PRÉSENT.

J'aurais.
Tu aurais.
Il *ou* elle aurait.
Nous aurions.
Vous auriez.
Ils *ou* elles auraient.

PASSÉ.

J'aurais eu.
Tu aurais eu.
Il *ou* elle aurait eu.
Nous aurions eu.
Vous auriez eu.
Ils *ou* elles auraient eu.

SECONDE FORME DU CONDITIONNEL PASSÉ.

J'eusse eu.
Tu eusses eu.
Il *ou* elle eût eu.
Nous eussions eu.
Vous eussiez eu.
Ils *ou* elles eussent eu.

IMPÉRATIF.

PRÉSENT OU FUTUR.

Aie.
Ayons.
Ayez.

SUBJONCTIF.

PRÉSENT.

Que j'aie.
Que tu aies.
Qu'il *ou* qu'elle ait.
Que nous ayons.
Que vous ayez.
Qu'ils *ou* qu'elles aient.

IMPARFAIT.

Que j'eusse.
Que tu eusses.
Qu'il *ou* qu'elle eût.
Que nous eussions.
Que vous eussiez.
Qu'ils *ou* qu'elles eussent.

PASSÉ.

Que j'aie eu,
Que tu aies eu.
Qu'il *ou* qu'elle ait eu.
Que nous ayons eu.
Que vous ayez eu.
Qu'ils *ou* qu'elles aient eu.

PLUS-QUE-PARFAIT.

Que j'eusse eu.
Que tu eusses eu.
Qu'il *ou* qu'elle eût eu.
Que nous eussions eu.
Que vous eussiez eu.
Qu'ils *ou* qu'elles eussent eu.

INFINITIF.

PRÉSENT.

Avoir.

PASSÉ.

Avoir eu.

PARTICIPE.

PRÉSENT.

Ayant.

PASSÉ.

Eu, eue.
Ayant eu.

74. — Dans cette conjugaison, ainsi que dans toutes les autres, il y a des temps *simples*, où le verbe entre seul, comme *j'ai*, *j'avais*, *j'aurai*, et des temps *composés*, c'est-à-dire formés des temps simples et du participe passé : *j'ai eu*, *j'avais eu*, *j'aurai eu*.

VERBE AUXILIAIRE *ÊTRE*.

Temps primitifs : *être*, *étant*, *été*, *je suis*, *je fus*.

INDICATIF.

PRÉSENT.

S. Je suis.
Tu es.
Il *ou* elle est.
P. Nous sommes.
Vous êtes.
Ils *ou* elles sont.

IMPARFAIT *ou* PASSÉ SIMULTANÉ.

J'étais.
Tu étais.
Il *ou* elle était.
Nous étions.
Vous étiez.
Ils *ou* elles étaient.

PASSÉ DÉFINI.

Je fus.
Tu fus.
Il *ou* elle fut.
Nous fûmes.
Vous fûtes.
Ils *ou* elles furent.

PASSÉ INDÉFINI.

J'ai été.
Tu as été.
Il *ou* elle a été.
Nous avons été.
Vous avez été.
Ils *ou* elles ont été.

PASSÉ ANTÉRIEUR.

J'eus été.
Tu eus été.
Il *ou* elle eut été.
Nous eûmes été.
Vous eûtes été.
Ils *ou* elles eurent été.

PLUS-QUE-PARFAIT.

J'avais été.
Tu avais été.
Il *ou* elle avait été.
Nous avions été.
Vous aviez été.
Ils *ou* elles avaient été.

FUTUR.

Je serai.
Tu seras.
Il *ou* elle sera.
Nous serons.
Vous serez.
Ils *ou* elles seront.

FUTUR ANTÉRIEUR *dit* FUTUR PASSÉ.

J'aurai été.
Tu auras été.
Il *ou* elle aura été.
Nous aurons été.
Vous aurez été.
Ils *ou* elles auront été.

CONDITIONNEL.

PRÉSENT.

Je serais.
Tu serais.
Il *ou* elle serait.
Nous serions.
Vous seriez.
Ils *ou* elles seraient.

PASSÉ.

J'aurais été.
Tu aurais été.
Il *ou* elle aurait été.
Nous aurions été.
Vous auriez été.
Ils *ou* elles auraient été.

SECONDE FORME DU CONDITIONNEL PASSÉ.

J'eusse été.

---

74. Qu'appelle-t-on temps *simples* et temps *composés*?

Tu eusses été.
Il *ou* elle eût été.
Nous eussions été.
Vous eussiez été.
Ils *ou* elles eussent été.

IMPÉRATIF.

PRÉSENT OU FUTUR.

Sois.
Soyons.
Soyez.

SUBJONCTIF.

PRÉSENT OU FUTUR.

Que je sois.
Que tu sois.
Qu'il *ou* qu'elle soit.
Que nous soyons.
Que vous soyez.
Qu'ils *ou* qu'elles soient.

IMPARFAIT.

Que je fusse.
Que tu fusses.
Qu'il *ou* qu'elle fût.
Que nous fussions.
Que vous fussiez.
Qu'ils *ou* qu'elles fussent.

PASSÉ.

Que j'aie été.
Que tu aies été.
Qu'il *ou* qu'elle ait été.
Que nous ayons été.
Que vous ayez été.
Qu'ils *ou* qu'elles aient été.

PLUS-QUE-PARFAIT.

Que j'eusse été.
Que tu eusses été.
Qu'il *ou* qu'elle eût été.
Que nous eussions été.
Que vous eussiez été.
Qu'ils *ou* qu'elles eussent été.

INFINITIF.

PRÉSENT.

Être.

PASSÉ.

Avoir été.

PARTICIPE.

PRÉSENT.

Étant.

PASSÉ.

Été.
Ayant été.

75. — Dans les temps composés, le verbe *être* prend l'auxiliaire *avoir* : *j'*AI *été*, *j'*AVAIS *été*; c'est une faute grossière que de dire *je suis été*.

76. — Le verbe *être* est auxiliaire, quand il est joint au participe passé d'un autre verbe : *je* SUIS AIMÉ, *je* SERAIS VENU. On l'appelle verbe *substantif*, lorsqu'il n'est pas joint à un participe : *je* SUIS *fort malade*.

On lui a donné ce nom de verbe *substantif*, parce qu'il est comme la *substance*, le fondement des autres verbes. Ces derniers en effet le renferment tous en eux-mêmes. Ainsi *je souffre*, *vous partez*, *il repose*, peuvent être décomposés de cette manière : *je* SUIS *souffrant*, *vous* ÊTES *partant*, *il* EST *reposant*. Ils renferment donc quelque chose de commun qui est le verbe *être*, et une partie accessoire *souffrant*, *partant*, *reposant*, qu'on appelle *attribut*. C'est de là qu'ils tirent leur nom de verbes *attributifs*.

---

75. Le verbe *être* ne prend-il pas dans quelques temps l'auxiliaire *avoir*?

76. Quels sont les divers emplois du verbe *être*?

DES VERBES ATTRIBUTIFS.

77. — On distingue cinq sortes de verbes *attributifs*, savoir : le verbe *actif*, le verbe *passif*, le verbe *neutre*, le verbe *réfléchi* et le verbe *impersonnel.*

Pour bien apprécier la nature différente de ces verbes, il faut d'abord connaître ce qu'on entend par *sujet* et par *complément* ou *régime.*

DU SUJET.

78. — On appelle *sujet*, le mot qui représente la personne ou la chose dont on exprime l'état ou l'action au moyen du verbe.

Il répond à la question *qui est-ce qui?* pour les personnes, et *qu'est-ce qui?* pour les choses. Dans ces phrases : *mon* FRÈRE *vient; le* SOLEIL *brille*, le substantif *frère* est sujet du verbe *vient*, et *soleil* du verbe *brille,* car ils représentent la personne qui *vient*, la chose qui *brille;* et si l'on demande, *qui est-ce qui vient?* vous répondez, *mon frère; qu'est-ce qui brille?* vous répondez, *le soleil.*

DES COMPLÉMENTS.

79. — On appelle *compléments* ou *régimes*, les mots qui *complètent* le sens commencé au moyen du verbe. Dans *aimer la* PATRIE; *courir à la* GLOIRE, *patrie*, *gloire*, achèvent le sens que les verbes tout seuls *aimer*, *courir*, laisseraient en suspens. Ce sont donc des compléments.

Comme les compléments sont placés sous la dépendance du verbe et *régis* en quelque sorte par lui, on leur donne encore le nom de *régimes*. Ils sont ou *directs* ou *indirects*.

DU COMPLÉMENT DIRECT.

80. — Le *complément* ou *régime direct* est le mot sur lequel tombe *directement* l'action exprimée par le verbe. Il

---

77. Combien y a-t-il de sortes de verbes *attributifs?*
78. Qu'est-ce que le *sujet* dans les verbes ?
79. Qu'appelle-t-on *compléments ?*
80. Qu'est-ce que le *complément direct?*

répond à la question *qui?* pour les personnes, et *quoi?* pour les choses. Dans ces phrases : *les Anglais brûlèrent* JEANNE D'ARC; *la loi punit le* CRIME, *Jeanne d'Arc* est le régime direct du verbe *brûlèrent*, et *crime* du verbe *punit;* car l'action exprimée par ces deux verbes tombe directement sur ces substantifs; et si l'on demande, *les Anglais brûlèrent... qui?* vous répondez *Jeanne d'Arc; la loi punit... quoi?* vous répondez, *le crime.*

Ce qui est dit des substantifs peut s'appliquer aux pronoms :

Plaignez-MOI; *votre légèreté* vous *perdra; moi*, est régime direct de *plaignez*, et *vous*, de *perdra.*

Les pronoms *le*, *la*, *les*, *que*, sont toujours compléments directs.

DU COMPLÉMENT INDIRECT.

81. — On appelle *complément indirect*, un terme sur lequel l'action ne tombe qu'*indirectement;* il ne se rattache au verbe qu'à l'aide d'un des mots *à*, *de*, *par*, *sur*, etc., qu'on appelle *prépositions.* Ce complément répond à l'une des questions *à qui? de qui? par qui?* etc., pour les personnes; *à quoi? de quoi? par quoi?* etc., pour les choses. *J'obéis à* DIEU; *je vivrais de* LAITAGE; *Dieu* est complément indirect du verbe *obéis*, et *laitage* de *vivrais*, parce que l'action n'est qu'indirecte; et si l'on demande, *j'obéis à qui?* vous répondez, *à Dieu; je vivrais de quoi?* vous répondez, *de laitage.*

82. — Les pronoms *lui*, *leur*, *dont*, *en*, *y* et quelques autres, sont toujours compléments indirects, parce qu'ils tiennent la place d'un autre pronom précédé d'une préposition : *Je leur parle*, c'est-à-dire *je parle à eux*, ou *à elles ; je m'en afflige*, *j'y pensais*, signifient *je m'afflige de cela*, *je pensais à cela.*

Remarque. Les pronoms *me*, *te*, *se*, *nous*, *vous*, peuvent figurer tantôt comme compléments directs et tantôt comme compléments indirects. Dans le premier cas, ils signifient *moi*, *toi*, *soi*, *nous*, *vous* (sans préposition); et dans le second cas, ils sont mis pour *à moi*, *à toi*, *à soi*, *à nous*, *à vous.* Ainsi, dans cette phrase : *Si vous* ME *chérissez, veuillez* ME *donner une preuve d'affection*, le premier *me* est régime direct, et le second régime indirect; car le sens est : *Si vous chérissez* moi, *veuillez donner* à moi *une preuve d'affection.*

---

81. Qu'appelle-t-on *complément direct?*

82. Les pronoms ne sont-ils pas souvent employés comme compléments indirects?

DE L'ATTRIBUT.

83. — Si le mot qui complète l'idée énoncée par le verbe se rapporte au sujet pour le qualifier ou pour le modifier, il prend le nom d'*attribut* ou de *sur-attribut* ; il est attribut lorsqu'il est placé après le verbe *être*, sur-attribut après tout autre verbe.

Dans ces exemples : *Dieu est grand; cet ouvrage semble achevé; David devint roi*, l'adjectif *grand* se rapporte à *Dieu* qu'il qualifie, et comme il est placé après le verbe *être*, on l'appelle *attribut; achevé* se rapporte à *ouvrage, roi* à *David;* et ces deux mots *achevé, roi,* sont appelés plus exactement *sur-attributs*, parce qu'ils sont placés après des verbes qui renferment déjà un attribut (DE SACY.)

On remarquera que dans ces phrases il n'y a point d'action qui se porte du sujet sur un autre terme; l'attribut est un simple développement du sujet, quoiqu'il paraisse répondre à la question *quoi?*

CLASSIFICATION DES VERBES ATTRIBUTIFS.

84. — La classification la plus généralement suivie pour les verbes attributifs est celle qui en distingue cinq sortes, savoir : le verbe *actif*, le verbe *passif*, le verbe *neutre,* le verbe *réfléchi* et le verbe *impersonnel.*

Le verbe *actif* marque une *action* qui est faite par le sujet, et qui a pour but un régime direct. *Je* GARDE *ma promesse ; il* DÉFEND *la patrie ; garde* est un verbe actif, car l'action est faite par le sujet *je*, et a pour but le régime direct *promesse.* Il en est de même pour *défend.*

On reconnaît qu'un verbe est actif, lorsqu'il peut recevoir immédiatement après lui un nom de personne ou de chose. *Aimer, finir, voir, entendre*, sont des verbes actifs, parce qu'on peut dire : *aimer ses parents, finir un travail*, etc.

85. — Le verbe *passif* marque une action reçue ou soufferte par le sujet, et faite par un régime indirect. C'est une inversion du verbe actif. *Je* SUIS AIMÉ *de Dieu; je,* qui est le sujet, reçoit l'action ou est l'objet de l'ac-

---

83. Qu'appelle-t-on *attribut* et *sur-attribut?*

84. Faites connaître la classification des verbes, et en particulier le verbe actif.

85. Faites connaître le verbe *passif.*

tion exprimée par le verbe; *suis aimé* est un verbe passif formé du verbe actif *aimer; Dieu* est le régime indirect quifait l'action.

86. — Le verbe *neutre* exprime un état, comme dans *je languis;* ou une action qui ne sort pas du sujet, c'est-à-dire qui ne se porte point sur un régime, comme dans *je tombe;* ou enfin une action qui se porte seulement sur un complément indirect : *j'ai obéi à la loi.*

Le verbe neutre se distingue aisément du verbe actif, en ce qu'il ne peut recevoir pour complément direct un nom de personne ou de chose; on ne dit point *dormir quelqu'un*, *vivre quelque chose.* De plus il ne peut former de verbe passif. Il faut toutefois excepter *obéir*, qui peut prendre la forme passive : *il est obéi de ses enfants. Convenir* se prend aussi quelquefois dans un sens passif : *cela est convenu.*

87. — Le verbe *réfléchi*, appelé aussi *pronominal*, exprime une action faite par le sujet et reçue par le sujet lui-même, au moyen d'un pronom complément du verbe, comme *je me repens*, *tu te loues*, *il se berce.* Il se conjugue toujours avec deux pronoms de la même personne.

88. — Enfin on a appelé *impersonnels*, quelques verbes qui n'ont ordinairement qu'un sujet vague représenté par *il : il faut*, *il pleut*, *il importe.* Ces verbes ne peuvent se conjuguer qu'à la troisième personne du singulier, et quand ils ont un complément, il est toujours indirect : *il lui importe*, *il leur convient de partir.*

CONJUGAISON DES VERBES ACTIFS.

89. — Il y a pour les verbes actifs quatre conjugaisons différentes, que l'on distingue par la terminaison du présent de l'infinitif.

Dans la première, l'infinitif se termine en ER, comme *aim*ER.
Dans la seconde, il se termine en IR, comme *fin*IR.
Dans la troisième, il se termine en OIR (EVOIR), comme *rec*EVOIR.
Dans la quatrième, il se termine en RE, comme *rend*RE.

Tous les verbes actifs prennent l'auxiliaire *avoir.* On les dit *réguliers*, lorsqu'ils suivent exactement l'un des quatre

---

86. Faites connaître le verbe *neutre*

87. Faites connaître le verbe *réfléchi.*

88. Faites connaître le verbe *impersonnel.*

89. Combien y a-t-il de conjugaisons différentes des verbes?

modèles indiqués, et *irréguliers* lorsqu'ils s'en écartent dans quelques temps ou dans quelques personnes.

* VALEUR DES TEMPS.

90. — On a déjà vu, par la conjugaison des verbes *avoir* et *être*, que le passé et le futur peuvent se subdiviser en plusieurs temps distincts ; il reste à connaître les applications diverses qu'on peut faire de chaque temps, au moins pour l'INDICATIF.

PRÉSENT. Ce temps exprime l'état ou l'action comme ayant lieu au moment actuel : *je vous* ÉCOUTE.

91. — IMPARFAIT *ou* PASSÉ SIMULTANÉ. Il exprime l'état ou l'action comme ayant eu lieu en même temps qu'un autre état ou une autre action : *j'*ÉTAIS *indisposé quand vous vîntes.*

92. — PASSÉ DÉFINI. Il exprime l'état ou l'action comme ayant eu lieu dans une division de temps complétement écoulée : *je le* VIS *l'an passé.*

93. — PASSÉ INDÉFINI. Il exprime l'état ou l'action comme ayant eu lieu dans une division de temps non complétement écoulée : *j'*AI ÉTÉ *malade cette semaine, cette année.*

94. — PASSÉ ANTÉRIEUR. Il exprime l'état ou l'action comme ayant précédé immédiatement un autre état, une autre action également passés : *quand j'*EUS ÉTÉ *trompé de la sorte, je me tins sur mes gardes.*

On a appelé *passé antérieur sur-composé*, un temps qui exprime qu'une chose a été faite avant une autre, dans une époque de la durée qui n'est pas encore entièrement écoulée : *Aujourd'hui, dès que j'*AI EU FINI *mon travail, je suis sorti.* L'emploi de ce temps est si rare, qu'il est inutile de le faire figurer dans la conjugaison.

95. — PLUS-QUE-PARFAIT. Il représente l'état ou l'action comme simplement passés avant un autre état ou une autre action également passés : *j'*AVAIS ÉTÉ *opéré avant mon départ.* — Ici rien n'indique si la seconde action (le départ) a suivi immédiatement ou non la première, tandis que, dans le *passé antérieur*, aucun espace de temps ne sépare les deux actions.

96. — FUTUR. Il représente l'état ou l'action comme devant avoir lieu dans un temps à venir : *vous* OBTIENDREZ *enfin justice.*

---

90. Le passé et le futur ne se subdivisent-ils pas en plusieurs temps? Qu'exprime le *présent?*
91. Qu'exprime l'*imparfait?*
92. Qu'exprime le *passé défini?*
93. Qu'exprime le *passé indéfini?*
94. Qu'exprime le *passé antérieur?*
95. Qu'exprime le *plus-que-parfait?*
96. Qu'exprime le *futur?*

97. — Futur antérieur, *dit* futur passé. Il représente l'état ou l'action comme devant avoir lieu avant un autre état ou une autre action : *quand vous reviendrez, j'*AURAI ÉTÉ *présenté à votre famille.*

98. — Le conditionnel, l'impératif et le subjonctif ont des temps analogues à ceux qui précèdent, mais le nombre en est plus borné. Les particularités qu'ils présentent sont du ressort de la syntaxe.

Il faut observer aussi que quelquefois dans le discours on peut étendre l'emploi de certains temps. Ainsi le présent peut exprimer le futur : *je* PARS *demain ;* le futur antérieur s'emploie pour un passé avec un sens de supposition ou de doute : *cet écolier a été puni, c'est qu'il* AURA FAIT *une faute.* L'usage fait connaître d'autres cas semblables.

PREMIÈRE CONJUGAISON, EN *ER*.

AIMER ; radical *aim.*

Temps primitifs : *aim er, aim ant, aim é, j'aim e, j'aim ai.*

INDICATIF.

PRÉSENT.

J'aim e.
Tu aim es.
Il aim e.
Nous aim ons.
Vous aim ez.
Ils aim ent.

IMPARFAIT.

J'aim ais.
Tu aim ais.
Il aim ait.
Nous aim ions.
Vous aim iez.
Ils aim aient.

PASSÉ DÉFINI.

J'aim ai.
Tu aim as.
Il aim a.
Nous aim âmes.
Vous aim âtes.
Ils aim èrent.

PASSÉ INDÉFINI.

J'ai aim é.
Tu as aim é.
Il a aim é.
Nous avons aim é.
Vous avez aim é.
Ils ont aim é.

PASSÉ ANTÉRIEUR.

J'eus aim é.
Tu eus aim é.
Il eut aim é.
Nous eûmes aim é.
Vous eûtes aim é.
Ils eurent aim é.

PLUS-QUE-PARFAIT.

J'avais aim é.
Tu avais aim é.
Il avait aim é.
Nous avions aim é.
Vous aviez aim é.
Ils avaient aim é.

FUTUR.

J'aim-er ai.
Tu aim-er as.
Il aim-er a.
Nous aim-er ons.
Vous aim-er ez.
Ils aim-er ont.

FUTUR PASSÉ.

J'aurai aim é.
Tu auras aim é.
Il aura aim é.

---

97. Qu'exprime le *futur antérieur*, dit *futur passé?*

98. Le conditionnel, l'impératif et le subjonctif n'ont-ils pas aussi des subdivisions de temps ?

Nous aurons aim é.
Vous aurez aim é.
Ils auront aim é.

CONDITIONNEL.

PRÉSENT.

J'aim-er ais.
Tu aim-er ais.
Il aim-er ait.
Nous aim-er ions.
Vous aim-er iez.
Ils aim-er aient.

PASSÉ.

J'aurais aim é.
Tu aurais aim é.
Il aurait aim é.
Nous aurions aim é.
Vous auriez aim é.
Ils auraient aim é.

SECONDE FORME DU PASSÉ.

J'eusse aim é.
Tu eusses aim é.
Il eût aim é.
Nous eussions aim é.
Vous eussiez aim é.
Ils eussent aim é.

IMPÉRATIF.

PRÉSENT OU FUTUR.

Aim e.
Aim ons.
Aim ez.

FUTUR ANTÉRIEUR.

Aie aim é.
Ayons aim é.
Ayez aim é.

SUBJONCTIF.

PRÉSENT OU FUTUR.

Que j'aim e.
Que tu aim es.
Qu'il aim e.
Que nous aim ions.
Que vous aim iez.
Qu'ils aim ent.

IMPARFAIT.

Que j'aim-as se.
Que tu aim-as ses.
Qu'il aim-â t.
Que nous aim-as sions.
Que vous aim-as siez.
Qu'ils aim-as sent.

PASSÉ.

Que j'aie aim é.
Que tu aies aim é.
Qu'il ait aim é.
Que nous ayons aim é.
Que vous ayez aim é.
Qu'ils aient aim é.

PLUS-QUE-PARFAIT.

Que j'eusse aim é.
Que tu eusses aim é.
Qu'il eût aim é.
Que nous eussions aim é.
Que vous eussiez aim é.
Qu'ils eussent aim é.

INFINITIF.

PRÉSENT. Aim er.
PASSÉ. Avoir aim é.

PARTICIPE.

PRÉSENT. Aim ant.
PASSÉ. Aim é, aim ée, ayant aimé.

OBSERVATIONS PARTICULIÈRES SUR LA 1re CONJUGAISON.

99. — On peut conjuguer sur *aimer*, les verbes *abaisser*, *abhorrer*, *adorer*, *apporter*, *brûler*, *chercher*, *chanter*, *danser*, *diviser*, *donner*, *estimer*, *gagner*, *imiter*, *porter*, etc.

100. — Dans les verbes terminés à l'infinitif en *cer*, on place une cédille sous le *ç* devant *a* et *o*, pour avoir dans tous les temps la même prononciation : *il menaça*, *nous avançons*, etc.

Conjuguez ainsi *balancer*, *enfoncer*, *exercer*, *prononcer*, etc.

---

99. Citez quelques verbes à conjuguer sur *aimer*.
100. Qu'y a-t-il à observer sur les verbes terminés à l'infinitif en *cer* ?

101. — Si l'infinitif se termine en *ger*, le *g* doit être suivi d'un *e* devant *a* et *o*, pour que la prononciation soit la même dans tous les temps : *il changea, nous partageons*, etc.

Ainsi se conjuguent *affliger, corriger, ménager*, etc.

102. — Les verbes dont la dernière syllabe est précédée d'un *é* fermé ou d'un *e* muet, comme *opérer*, *ramener*, prennent un *è* ouvert à la place de cet *é* fermé ou de cet *e* muet, quand la syllabe qui suit renferme un *e* muet : *j'opère*, *tu ramèneras*, etc. ; mais on écrira : *nous opérons*, *vous ramenâtes*, en conservant l'*é* fermé ou l'*e* muet de l'infinitif, parce que la syllabe qui suit a un son plein.

Ainsi se conjuguent *altérer*, *céder*, *régner* ; — *enlever*, *peser*, etc.

Remarques. 1° La plupart des verbes terminés à l'infinitif en *eler* ou en *eter*, s'écartent de cette règle, en ce que les consonnes *l* et *t* se doublent devant un *e* muet : *j'appelle*, *tu rejetteras*. Mais on écrira *nous appelons*, *vous rejetâtes*, en conservant l'orthographe de l'infinitif, parce que la syllabe qui suit a un son plein. (Acad.)

2° Il faut observer que les verbes *acheter*, *becqueter*, *bourreler*, *celer*, *crocheter*, *déceler*, *décolleter*, *étiqueter*, *haleter*, *harceler*, *geler*, *marteler*, *modeler*, *peler*, rentrent au contraire dans la règle ci-dessus : *j'achète*, *il gèlera*. — Il en est de même pour tous les verbes en *éler* ou en *éter*, sans exception ; on change l'*é* fermé en *è* grave : *révéler*, *je révèle* ; *végéter*, *je végète*, etc. (Acad.).

3° Enfin les verbes dont la finale *ger* est précédée d'un *é* fermé, sont les seuls qui le conservent dans toute leur conjugaison : *ils abrégeront*, *il protégera* (Acad.).

103. — Dans les verbes où la terminaison *er* est précédée d'un *i*, comme *pallier*, *étudier*, les deux premières personnes plurielles de l'imparfait de l'indicatif et du présent du subjonctif prennent deux *i* : *nous étudiions*, *que vous palliiez*.

Ceux où la terminaison *er* est précédée d'un *y*, comme *essayer*, *ennuyer*, prennent un *i* après l'*y* aux deux personnes plurielles dont nous venons de parler : *nous essayions*, *que vous ennuyiez*.

---

101. Qu'y a-t-il à observer sur les verbes terminés en *ger* ?

102. Qu'observe-t-on sur ceux dont la dernière syllabe est précédée d'un *é* fermé ou d'un *e* muet ?

103. Qu'observe-t-on sur ceux dont la terminaison est précédée d'un *i* ?

Conjuguez ainsi : *allier, négocier, prier; — balayer, broyer, appuyer*, etc.

104. — Les verbes terminés en *ouer, uer*, prennent un tréma sur l'*i*, aux premières personnes plurielles de l'imparfait de l'indicatif et du présent du subjonctif : *nous jouïons, que vous remuïez*, mais ceux où la finale *uer* est précédée de *g* ou de *q*, comme *fatiguer, calquer*, ne suivent point cette règle, parce que *guer* et *quer* ne forment qu'une syllabe ; on écrit donc : *nous fatiguions, que vous calquiez.*

Ainsi se conjuguent : *avouer, nouer, secouer; — effectuer, remuer, tuer; — appliquer, prodiguer, intriguer.*

105. Dans les verbes en *oyer, uyer*, comme *employer, ennuyer*, l'*y* se change en *i* devant un *e* muet : *il emploie, ils s'ennuient*, etc. Mais pour ceux en *ayer*, comme *payer, rayer*, il est plus exact de conserver l'*y* dans toute la conjugaison : *je paye, je rayerai* (ACAD.).

Ainsi se conjuguent *noyer, ployer; appuyer, essuyer; — bégayer, effrayer*, etc.

106. — Les verbes en *éer* conservent les deux *e* dans tous les temps où se trouve un *e* muet : *je crée, j'agréerai*, etc. Au participe passé féminin, ils en prennent trois : *machine créée, proposition agréée.*

Conjuguez ainsi : *agréer, créer, gréer, recréer, suppléer.*

SECONDE CONJUGAISON, EN *IR*.

FINIR : radical *fin.*

Temps primitifs : *fin ir, fin issant, fin i, je fin is, je fin is.*

INDICATIF.

PRÉSENT.

Je fin is.
Tu fin is.
Il fin it.
Nous fin-iss ons.
Vous fin-iss ez.
Ils fin-iss ent.

IMPARFAIT.

Je fin-iss ais.
Tu fin-iss ais.
Il fin-iss ait.
Nous fin-iss ions.
Vous fin-iss iez.
Ils fin-iss aient.

PASSÉ DÉFINI.

Je fin is.
Tu fin is.
Il fin it.
Nous fin imes.

---

104. Qu'observe-t-on sur les verbes terminés en *ouer, uer?*
105. Qu'observe-t-on sur les verbes terminés en *oyer, uyer, ayer?*
106. Qu'observe-t-on sur les verbes terminés en *éer?*

Vous fin îtes.
Ils fin irent.

PASSÉ INDÉFINI.

J'ai fin i.
Tu as fin i.
Il a fin i.
Nous avons fin i.
Vous avez fin i.
Ils ont fin i.

PASSÉ ANTÉRIEUR.

J'eus fin i.
Tu eus fin i.
Il eut fin i.
Nous eûmes fin i.
Vous eûtes fin i.
Ils eurent fin i.

PLUS-QUE-PARFAIT.

J'avais fin i.
Tu avais fin i.
Il avait fin i.
Nous avions fin i.
Vous aviez fin i.
Ils avaient fin i.

FUTUR.

Je fin-ir ai.
Tu fin-ir as.
Il fin-ir a.
Nous fin-ir ons.
Vous fin-ir ez.
Ils fin-ir ont.

FUTUR ANTÉRIEUR.

J'aurai fin i.
Tu auras fin i.
Il aura fin i.
Nous aurons fin i.
Vous aurez fin i.
Ils auront fin i.

CONDITIONNEL.

PRÉSENT.

Je fin-ir ais
Tu fin-ir ais.
Il fin-ir ait.
Nous fin-ir ions.
Vous fin-ir iez.
Ils fin-ir aient.

PASSÉ.

J'aurais fin i.
Tu aurais fin i.
Il aurait fin i.
Nous aurions fin i.
Vous auriez fin i.
Ils auraient fin i.

SECONDE FORME DU PASSÉ.

J'eusse fin i.
Tu eusses fin i.
Il eût fin i.
Nous eussions fin i.
Vous eussiez fin i.
Ils eussent fin i.

IMPÉRATIF.

PRÉSENT OU FUTUR.

Fin is.
Fin-iss ons.
Fin-iss ez.

FUTUR ANTÉRIEUR.

Aie fin i.
Ayons fin i.
Ayez fin i.

SUBJONCTIF.

PRÉSENT OU FUTUR.

Que je fin-is se.
Que tu fin-iss es.
Qu'il fin-iss e.
Que nous fin-iss ions.
Que vous fin-iss iez.
Qu'ils fin-iss ent.

PASSÉ.

Que je fin-is se.
Que tu fin-is ses.
Qu'il fin-î t.
Que nous fin-is sions.
Que vous fin-is siez.
Qu'ils fin-is sent.

PASSÉ.

Que j'aie fin i.
Que tu aies fin i.
Qu'il ait fin i.
Que nous ayons fin i.
Que vous ayez fin i.
Qu'ils aient fin i.

PLUS-QUE-PARFAIT.

Que j'eusse fin i.
Que tu eusses fin i.
Qu'il eût fin i.
Que nous eussions fin i.
Que vous eussiez fin i.
Qu'ils eussent fin i.

INFINITIF.

PRÉSENT. Fin ir.
PASSÉ. Avoir fin i.

PARTICIPE.

PRÉSENT. Fin issant.
PASSÉ. Fin i, fin ie, ayant fin i.

OBSERVATIONS PARTICULIÈRES SUR LA 2e CONJUGAISON.

107. — On peut conjuguer sur *finir* les verbes *accomplir*, *adoucir*, *avertir*, *guérir*, *punir*, *remplir*, *saisir*, *ternir*, etc.

108. — Le verbe *bénir* a deux participes, l'un, *bénit*, *bénite*, qui se dit d'un objet consacré par une cérémonie religieuse : *eau* BÉNITE ; il ne s'emploie que dans un sens passif, avec l'auxiliaire *être* ; — l'autre *béni*, *bénie*, qui se dit dans tous les autres cas : *peuple* BÉNI *de Dieu* ; il peut prendre les deux auxiliaires.

109. — *Haïr* porte un tréma sur l'*i* dans toute la conjugaison, sauf au singulier du présent de l'indicatif : *je hais*, *tu hais*, *il hait* ; et à la seconde personne du singulier de l'impératif, *hais*.

Ce tréma remplace l'accent circonflexe aux deux personnes plurielles du passé défini : *nous haïmes*, *vous haïtes*, et à la troisième du singulier de l'imparfait du subjonctif : *qu'il haït*.

110. — *Fleurir*, signifiant *pousser des fleurs*, est régulier ; mais si l'on parle de la prospérité d'un État, du commerce, des finances, etc., il fait *florissait* à l'imparfait de l'indicatif, et *florissant* au participe présent : *alors l'Égypte* FLORISSAIT ; — *le commerce était* FLORISSANT *chez les Phéniciens*.

TROISIÈME CONJUGAISON, EN *OIR*.

RECEVOIR : radical *rec*.

Temps primitifs : *rec evoir*, *rec evant*, *reç u*, *je reç ois*, *je reç us*.

INDICATIF.

PRÉSENT.

Je reç ois.
Tu reç ois.
Il reç oit.
Nous rec-ev ons.
Vous rec-ev ez.
Ils reç oivent.

IMPARFAIT.

Je rec-ev ais.
Tu rec-ev ais.
Il rec-ev ait.
Nous rec-ev ions.
Vous rec-ev iez.
Ils rec-ev aient.

---

107. Citez quelques verbes à conjuguer sur *fin ir*.
108. Qu'y a-t-il à observer sur le verbe *bénir* ?
109. Qu'y a-t-il à observer sur le verbe *haïr* ?
110. Qu'y a-t-il à observer sur le verbe *fleurir* ?

PASSÉ DÉFINI.

Je reç us.
Tu reç us.
Il reç ut.
Nous reç ûmes.
Vous reç ûtes.
Ils reç urent.

PASSÉ INDÉFINI.

J'ai reç u.
Tu as reç u.
Il a reç u.
Nous avons reç u.
Vous avez reç u.
Ils ont reç u.

PASSÉ ANTÉRIEUR.

J'eus reç u.
Tu eus reç u.
Il eut reçu.
Nous eûmes reç u.
Vous eûtes reç u.
Ils eurent reç u.

PLUS-QUE-PARFAIT.

J'avais reç u.
Tu avais reç u.
Il avait reç u.
Nous avions reç u.
Vous aviez reç u.
Ils avaient reç u.

FUTUR.

Je rec-ev rai.
Tu rec-ev ras.
Il rec-ev ra.
Nous rec-ev rons.
Vous rec-ev rez.
Ils rec-ev ront.

FUTUR ANTÉRIEUR.

J'aurai reç u.
Tu auras reç u.
Il aura reç u.
Nous aurons reç u.
Vous aurez reç u.
Ils auront reç u.

CONDITIONNEL.

PRÉSENT.

Je rec-ev rais.
Tu rec-ev rais.
Il rec-ev rait.
Nous rec-ev rions.
Vous rec-ev riez.
Ils rec-ev raient.

PASSÉ.

J'aurais reç u.
Tu aurais reç u.
Il aurait reç u.
Nous aurions reç u.
Vous auriez reç u.
Ils auraient reç u.

SECONDE FORME DU PASSÉ.

J'eusse reç u.
Tu eusses reç u.
Il eût reç u.
Nous eussions reç u.
Vous eussiez reç u.
Ils eussent reç u.

IMPÉRATIF.

PRÉSENT OU FUTUR.

Reç ois.
Rec-ev ons.
Rec-ev ez.

FUTUR ANTÉRIEUR.

Aie reçu.
Ayons reç u.
Ayez reç u.

SUBJONCTIF.

PRÉSENT OU FUTUR.

Que je reç oive.
Que tu reç oives.
Qu'il reç oive.
Que nous rec-ev ions.
Que vous rec-ev iez.
Qu'ils reç oivent.

IMPARFAIT.

Que je reç-us se.
Que tu reç-us ses.
Qu'il reç-û t.
Que nous reç-us sions.
Que vous reç-us siez.
Qu'ils reç-us sent.

PASSÉ.

Que j'aie reç u.
Que tu aies reç u.
Qu'il ait reç u.
Que nous ayons reç u.
Que vous ayez reç u.
Qu'ils aient reç u.

PLUS-QUE-PARFAIT.

Que j'eusse reç u.
Que tu eusses reç u.
Qu'il eût reç u.
Que nous eussions reç u.
Que vous eussiez reç u.
Qu'ils eussent reç u.

INFINITIF.

PRÉSENT. Rec evoir.
PASSÉ. Avoir reç u.

PARTICIPE.

PRÉSENT. Rec evant.
PASSÉ. Reç u, reç ue, ayant reç u.

OBSERVATIONS PARTICULIÈRES SUR LA 3e CONJUGAISON.

111. — On peut conjuguer sur *recevoir* les verbes *apercevoir*, *concevoir*, *devoir*, *percevoir*, etc.

Cette conjugaison ne présente de régularité que dans les verbes terminés en *evoir*, comme *apercevoir*, *devoir*, etc. — Tous les autres verbes, tels que *voir*, *valoir*, etc., sont irréguliers.

QUATRIÈME CONJUGAISON, EN *RE*.

RENDRE : radical *rend*.

Temps primitifs : *rend re, rend ant, rend u, je rend s, je rend is.*

INDICATIF.

PRÉSENT.

Je rend s.
Tu rend s.
Il rend.
Nous rend ons.
Vous rend ez.
Ils rend ent.

IMPARFAIT.

Je rend ais.
Tu rend ais.
Il rend ait.
Nous rend ions.
Vous rend iez.
Ils rend aient.

PASSÉ DÉFINI.

Je rend is.
Tu rend is.
Il rend it.
Nous rend îmes.
Vous rend îtes.
Ils rend irent.

PASSÉ INDÉFINI.

J'ai rend u.
Tu as rend u.
Il a rend u.
Nous avons rend u.
Vous avez rend u.
Ils ont rend u.

PASSÉ ANTÉRIEUR.

J'eus rend u.
Tu eus rend u.
Il eut rend u.
Nous eûmes rend u.
Vous eûtes rend u.
Ils eurent rend u.

PLUS-QUE-PARFAIT.

J'avais rend u.
Tu avais rend u.
Il avait rend u.
Nous avions rend u.
Vous aviez rend u.
Ils avaient rend u.

FUTUR.

Je rend-r ai.
Tu rend-r as.
Il rend-r a.
Nous rend-r ons.
Vous rend-r ez.
Ils rend-r ont.

FUTUR ANTÉRIEUR.

J'aurai rend u.
Tu auras rend u.
Il aura rend u.
Nous aurons rend u.
Vous aurez rend u.
Ils auront rend u.

CONDITIONNEL.

PRÉSENT.

Je rend-r ais.
Tu rend-r ais.
Il rend-r ait.
Nous rend-r ions.

---

111. Citez quelques verbes à conjuguer sur *recevoir*.

Vous rend-r iez.
Ils rend-r aient.

PASSÉ.

J'aurais rend u.
Tu aurais rend u.
Il aurait rend u.
Nous aurions rend u.
Vous auriez rend u.
Ils auraient rend u.

SECONDE FORME DU PASSÉ.

J'eusse rend u.
Tu eusses rend u.
Il eût rend u.
Nous eussions rend u.
Vous eussiez rend u.
Ils eussent rend u.

IMPÉRATIF.

PRÉSENT OU FUTUR.

Rend s.
Rend ons.
Rend ez.

FUTUR ANTÉRIEUR.

Aie rend u.
Ayons rend u.
Ayez rendu.

SUBJONCTIF.

PRÉSENT OU FUTUR.

Que je rend e.
Que tu rend es.
Qu'il rend e.
Que nous rend ions.
Que vous rend iez.
Qu'ils rend ent.

IMPARFAIT.

Que je rend-is se.
Que tu rend-is ses,
Qu'il rend-î t.
Que nous rend-is sions.
Que vous rend-is siez.
Qu'ils rend-is sent.

PASSÉ.

Que j'aie rend u.
Que tu aies rend u.
Qu'il ait rend u.
Que nous ayons rend u.
Que vous ayez rend u.
Qu'ils aient rend u.

PLUS-QUE-PARFAIT.

Que j'eusse rend u.
Que tu eusses rend u.
Qu'il eût rend u.
Que nous eussions rend u.
Que vous eussiez rend u.
Qu'ils eussent rend u.

INFINITIF.

PRÉSENT. Rend re.
PASSÉ. Avoir rend u.

PARTICIPE.

PRÉSENT. Rend ant.
PASSÉ. Rend u, rend ue, ayant rend u.

OBSERVATIONS PARTICULIÈRES SUR LA 4e CONJUGAISON.

112. — On peut conjuguer sur *rendre* les verbes *attendre*, *confondre*, *défendre*, *perdre*, *tordre*, *vendre*, etc.

113. Les verbes terminés en *indre* et en *soudre*, comme *peindre*, *craindre*, *absoudre*, *résoudre*, ont la finale du singulier du présent de l'indicatif en *s*, *s*, *t*, et non en *ds*, *ds*, *d*, comme *rendre*.

114. — Les verbes *rompre*, *corrompre*, *interrompre*, se conjuguent comme *rendre*, avec cette différence qu'à la troisième personne du singulier du présent de l'indicatif, le *s*, qu'on supprime simplement dans le modèle *rendre*,

112. Citez des verbes à conjuguer sur *rendre*.
113. Qu'observe-t-on sur les verbes terminés en *indre* et en *soudre*?
114. Qu'observe-t-on sur *rompre* *corrompre*, etc.?

doit être remplacé par un *t*, comme dans la 2e et dans la 3e conjugaison : *je romps, tu romps, il rompt.*

OBSERVATIONS GÉNÉRALES SUR LES CONJUGAISONS.

115. — Pour faciliter la conjugaison des verbes, il est à propos de remarquer ce que les temps simples ont de semblable dans les quatre conjugaisons, et ce qu'ils présentent de différent.

116. — INDICATIF, PRÉSENT. Les trois personnes du singulier ont des formes diverses; mais celles du pluriel sont toujours terminées par *ons, ez, ent : nous aimons, vous aimez, ils aiment; nous finissons, vous finissez, ils finissent,* etc.

117. — IMPARFAIT. Le singulier est toujours terminé par *ais, ais, ait;* le pluriel par *ions, iez, aient : j'aimais, tu aimais, il aimait; nous aimions, vous aimiez, ils aimaient. Je finissais, tu finissais,* etc.

118. — PASSÉ DÉFINI. Les trois personnes du singulier ont des formes diverses; celles du pluriel, si l'on néglige la voyelle qui précède, se terminent toujours en *mes, tes, rent : nous aimâmes, vous aimâtes, ils aimèrent. Nous finîmes, vous finîtes, ils finirent,* etc.

119. — FUTUR. La terminaison de ce temps est toujours *rai, ras, ra; rons, rez, ront : j'aimerai, tu aimeras, il aimera; nous aimerons, vous aimerez, ils aimeront. Je finirai, tu finiras, il finira,* etc.

120. — CONDITIONNEL, PRÉSENT. Ce temps se termine toujours en *rais, rais, rait; rions, riez, raient : j'aimerais, tu aimerais, il aimerait; nous aimerions, vous aimeriez, ils aimeraient. Je finirais, tu finirais, il finirait,* etc.

121. — IMPÉRATIF, PRÉSENT. La seconde personne du singulier est semblable à la première du présent de l'indicatif, sauf la suppression du pronom : *j'aime, aime; je finis, finis,* etc. Ainsi il ne faut pas écrire *aimes, espères, travailles,* à moins qu'il n'y ait ensuite les pronoms *y* ou *en : appliques-y ton attention; donnes-en.* Cependant on écrira : *espère en Dieu,* car ici le mot *en* n'est point pronom, mais préposition. — Les deux personnes du pluriel sont semblables à celles du présent de l'indicatif : *aimons, aimez; finissons, finissez,* etc.

---

115. Comment est facilitée la conjugaison des verbes ?
116. Quelles sont les finales du présent de l'indicatif ?
117. Quelles sont les finales de l'imparfait ?
118. Quelles sont les finales du passé défini ?
119. Quelles sont les finales du futur ?
120. Quelles sont les finales du présent du conditionnel ?
121. Quelles sont les finales du présent de l'impératif ?

122. — SUBJONCTIF, PRÉSENT. La terminaison du singulier est *e, es, e;* celle du pluriel, *ions, iez, ent : que j'aime, que tu aimes, qu'il aime; que nous aimions, que vous aimiez, qu'ils aiment. Que je finisse, que tu finisses, qu'il finisse,* etc.

123. — IMPARFAIT. Les finales sont *se, ses, t; sions, siez, sent : que j'aimasse, que tu aimasses, qu'il aimât ; que nous aimassions, que vous aimassiez, qu'ils aimassent. Que je finisse, que tu finisses, qu'il finît,* etc.

EMPLOI DE L'ACCENT CIRCONFLEXE.

124. — La première et la seconde personne du pluriel du *passé défini*, et la troisième du singulier de l'*imparfait du subjonctif*, prennent toujours un accent circonflexe : *nous aimâmes, vous finîtes, qu'il rendît.*

Remarque. — La ressemblance de l'*imparfait du subjonctif* et du *passé défini*, à la troisième personne du singulier, peut quelquefois les faire confondre. Pour bien appliquer l'accent circonflexe, il suffira de traduire ces deux temps au pluriel, ce qui les fera distinguer plus facilement; ainsi cette phrase : *J'aurais voulu qu'il reçût une leçon*, doit amener au pluriel : *j'aurais voulu qu'ils reçussent une leçon;* on voit que *reçût* est à l'imparfait du subjonctif et qu'il doit prendre l'accent. Mais dans celle-ci : *La leçon qu'il reçut l'a corrigé*, on aura pour le pluriel : *la leçon qu'ils reçurent les a corrigés;* ici *reçut* est au passé défini et ne prend pas d'accent.

FORMATION DES TEMPS.

125. — On distingue dans les verbes cinq temps primitifs, qui servent à former les autres au moyen de quelque changement ou de quelque addition dans la terminaison, savoir : le *présent de l'infinitif*, le *participe présent*, le *participe passé*, le *présent de l'indicatif* et le *passé défini*.

Du présent de l'infinitif on forme : 1° Le futur simple, par le changement de *r, oir,* ou *re,* en *rai : aimer, j'aimerai; finir, je finirai; recevoir, je recevrai; rendre, je rendrai.*

2° Le présent du conditionnel, par le même changement et l'addition d'un *s : aimer, j'aimerais; finir, je finirais; recevoir, je recevrais ; rendre, je rendrais.*

---

122. Quelles sont les finales du présent du subjonctif?

123. Quelles sont les finales de l'imparfait du subjonctif?

124. Qu'y a-t-il à observer pour l'emploi de l'accent circonflexe dans certains temps?

125. Quels sont les *temps primitifs?*

— Quels temps forme-t-on du présent de l'infinitif?

Ainsi il ne faut point écrire *je receverai, je renderais.* Ces deux temps ne prennent un *e* muet avant les terminaisons *rai, rais,* qu'à la première conjugaison.

Du participe présent on forme : 1° les trois personnes plurielles du présent de l'indicatif en changeant *ant* en *ons : aimant nous aimons; finissant, nous finissons; rendant, nous rendons.* Mais dans la conjugaison en *oir,* la troisième personne plurielle du présent de l'indicatif reprend, avant la terminaison, la voyelle composée du singulier : *recevant, nous recevons, vous recevez, ils reçoivent.*

2° L'imparfait de l'indicatif, en changeant *ant* en *ais: aimant, j'aimais ; finissant, je finissais,* etc.

3° Le présent du subjonctif, en changeant *ant* en *e : aimant, que j'aime,* etc. ; mais la 3e conjugaison change *evant* en *oive: recevant, que je reçoive.*

Du participe passé on forme tous les temps composés avec l'un des verbes auxiliaires : *j'ai aimé, j'avais fini,* etc.

Du présent de l'indicatif on forme l'impératif par la suppression des pronoms : *j'aime, aime; nous finissons, finissons; vous recevez, recevez.*

Du passé défini on forme l'imparfait du subjonctif par l'addition de *se* à la seconde personne du singulier : *tu aimas, que j'aimasse; tu finis, que je finisse,* etc.

DU RADICAL ET DE LA TERMINAISON.

126. — Pour opérer régulièrement la formation des temps, il faut avoir égard au *radical* et à la *terminaison.*

Le *radical* d'un verbe est la partie fixe, invariable, qui exprime essentiellement l'idée de ce verbe. Dans *appeler, chanter, imiter,* le radical est *appel, chant, imit,* qui doivent se retrouver dans toute la conjugaison.

La *terminaison* est la partie variable qui exprime particulièrement les modifications de mode, de temps, de nombre et de personne. Dans *appel*ONS, *chant*EZ, *ils imit*ENT, les syllabes *ons, ez, ent,* forment la terminaison.

— Quels temps forme-t-on du participe présent ?
— Quels temps forme-t-on du participe passé ?
— Quels temps forme-t-on du présent de l'indicatif ?
— Quels temps forme-t-on du passé défini ?
126. Comment opère-t-on régulièrement la formation des temps ?

* APPLICATIONS.

127. — Pour appliquer la formation des temps, prenons pour exemple le verbe *négocier.*

Le radical est *négoci,* et la terminaison est *er*, comme dans *aim er.*

Les autres temps primitifs sont : *négoci ant, négoci é, je négoci e, je négoci ai*, comme *aim ant, aim é, j'aim e, j'aim ai.*

Quant aux temps dérivés, on trouvera d'après les règles de la formation :

Pour l'imparfait : *je négoci ais, tu négoci ais, il négoci ait, nous négoci ions, vous négoci iez, ils négoci aient.*

Pour le futur : *je négoci-e rai, tu négoci-e ras*, etc.

Pour le présent du conditionnel : *je négoci-e rais, tu négoci-e rais*, etc.

Pour l'impératif : *négoci e, négoci ons, négoci ez.*

Pour le présent du subjonctif : *que je négoci e, que tu négoci es, qu'il négoc ie, que nous négoci ions, que vous négoci iez, qu'ils négoci ent.*

Pour l'imparfait du subjonctif : *que je négoci-as se, que tu négoci-as ses, qu'il négoci-â t, que nous négoci-as sions*, etc.

Pour tous les temps composés : *j'ai négoci é, j'avais négoci é*, etc.

On doit remarquer que les deux premières personnes plurielles de l'imparfait de l'indicatif et du présent du subjonctif, prennent deux *i*, parce que cette voyelle se trouve à la fois dans le radical et dans la terminaison (103).

CONJUGAISON DES VERBES PASSIFS.

128. — Tous les verbes actifs peuvent se transformer en verbes *passifs ;* il suffit pour cela de prendre les participes passés *aimé, fini*, etc., et de les joindre à la conjugaison du verbe *être.*

Il est à remarquer que tout participe passé doit, comme l'adjectif, être mis au masculin ou au féminin, au singulier ou au pluriel, selon le genre et le nombre du sujet. On dira donc : *je suis aimé* ou *aimée ; ils sont aimés* ou *elles sont aimées.*

Un seul modèle suffira pour toutes les conjugaisons.

INDICATIF.

Présent Je suis aimé *ou* aimée.

---

127. Appliquez la formation des temps au verbe *négocier.*

128. Comment les verbes *passifs* se forment-ils des verbes actifs ?

Tu es aimé *ou* aimée.
Il est aimé *ou* elle est aimée.
Nous sommes aimés *ou* aimées.
Vous êtes aimés *ou* aimées.
Ils sont aimés *ou* elles sont aimées.

Imparfait. J'étais aimé *ou* aimée, etc.
Passé défini. Je fus aimé *ou* aimée, etc.
Passé indéfini. J'ai été aimé *ou* aimée, etc.
Passé antérieur. J'eus été aimé *ou* aimée, etc.
Plus-que-parfait. J'avais été aimé *ou* aimée, etc.
Futur. Je serai aimé *ou* aimée, etc.
Futur antérieur. J'aurai été aimé *ou* aimée, etc.

CONDITIONNEL.

Présent. Je serais aimé *ou* aimée, etc.
Passé. J'aurais été aimé *ou* aimée, etc.
2e forme du passé. J'eusse été aimé *ou* aimée, etc.

IMPÉRATIF.

Présent. Sois aimé *ou* aimée, etc.

SUBJONCTIF.

Présent ou futur. Que je sois aimé *ou* aimée, etc.
Imparfait. Que je fusse aimé *ou* aimée, etc.
Passé. Que j'aie été aimé *ou* aimée, etc.
Plus-que-parfait. Que j'eusse été aimé *ou* aimée, etc.

INFINITIF.

Présent. Être aimé *ou* aimée.
Passé. Avoir été aimé *ou* aimée.

PARTICIPE.

Présent. Étant aimé *ou* aimée.
Passé. Aimé, aimée; ayant été aimé *ou* aimée.

129. — Conjuguez ainsi *être appelé*, *être averti*, *être puni*, *être reçu*, *être défendu*, etc.

Remarque. Il ne faut considérer comme verbes passifs que ceux qui expriment une action reçue ou soufferte par le sujet et faite par le régime, comme dans cette phrase : *Je suis aimé de Dieu*, où *je*, sujet, est le terme de l'action exprimée par le verbe *suis aimé*, et où *Dieu*, régime indirect, opère cette action. Il y a en effet beaucoup de cas où le participe passé est simplement un attribut et n'exprime point une action; tels sont les exemples suivants : *Je suis fatigué ; elle est mise simplement ; nous sommes disposés au travail ; ils étaient habillés de noir.*

---

129. Indiquez quelques verbes à conjuguer comme passifs. Qu'y a-t-il à observer sur certaines expressions qui paraissent être passives ?

CONJUGAISON DES VERBES NEUTRES.

130. — Les verbes *neutres* ont les mêmes terminaisons diverses que les verbes actifs, et se conjuguent comme eux dans tous les temps simples. Mais dans les temps composés, les uns prennent l'auxiliaire *avoir*, et quelques autres l'auxiliaire *être*. — Voici les deux manières de les conjuguer.

Avec *Avoir*.

OBÉIR : radical *obé*.

Temps primitifs : *Obé ir, obé issant, obé i, j'obé is, j'obé is.*

INDICATIF.

PRÉSENT.

J'obé is.
Tu obé is, etc.

IMPARFAIT.

J'obé-iss ais.
Tu obé-iss ais, etc.

PASSÉ DÉFINI.

J'obé is.
Tu obé is, nous obé îmes, etc.

PASSÉ INDÉFINI.

J'ai obé i.
Tu as obé i, etc.

PASSÉ ANTÉRIEUR.

J'eus obé i.
Tu eus obé i, etc.

PLUS-QUE-PARFAIT.

J'avais obé i.
Tu avais obé i, etc.

FUTUR.

J'obé-ir ai.
Tu obé-ir as, etc.

FUTUR ANTÉRIEUR.

J'aurai obé i.
Tu auras obé-i, etc.

CONDITIONNEL

PRÉSENT.

J'obé-ir ais.
Tu obé-ir ais, etc.

PASSÉ.

J'aurais obé i.
Tu aurais obé i, etc.

Avec *Être* :

TOMBER : radical *tomb*.

Temps primitifs : *Tomb er, tomb ant, tomb é, je tomb e, je tomb ai.*

INDICATIF.

PRÉSENT.

Je tomb e.
Tu tomb es, etc.

IMPARFAIT.

Je tomb ais.
Tu tomb ais, etc.

PASSÉ DÉFINI.

Je tomb ai.
Tu tomb as, etc.

PASSÉ INDÉFINI.

Je suis tomb é *ou* tomb ée.
Tu es tomb é *ou* tomb ée, etc.

PASSÉ ANTÉRIEUR.

Je fus tomb é, tomb ée.
Tu fus tomb é, tombée, etc.

PLUS-QUE-PARFAIT.

J'étais tomb é, tomb ée.
Tu étais tomb é, tomb ee, etc.

FUTUR.

Je tomb-er ai.
Tu tomb-er as, etc.

FUTUR ANTÉRIEUR.

Je serai tomb é, tomb ée.
Tu seras tomb é, tomb ée, etc.

CONDITIONNEL.

PRÉSENT.

Je tomb-er ais.
Tu tomb-er ais, etc.

PASSÉ.

Je serais tomb é, tomb ée.
Tu serais tomb é, tomb ée, etc.

---

130. Quelles conjugaisons suivent les verbes *neutres* ?

SECONDE FORME DU PASSÉ.
J'eusse obé i.
Tu eusses obé i, etc.

IMPÉRATIF.

PRÉSENT.
Obé is.
Obé-iss ons.
Obé-iss ez.

FUTUR ANTÉRIEUR.
Aie obé i.
Ayons obé i.
Ayez obé i.

SUBJONCTIF.

PRÉSENT.
Que j'obé-iss e.
Que tu obé-iss es, etc.

IMPARFAIT.
Que j'obé-is se.
Que tu obé-is ses, etc.

PASSÉ.
Que j'aie obé i.
Que tu aies obé i, etc.

PLUS-QUE-PARFAIT.
Que j'eusse obé i.
Que tu eusses obé i, etc.

INFINITIF.

PRÉSENT. Obé ir.
PASSÉ. Avoir obé i.

PARTICIPE.

PRÉSENT. Obé issant.
PASSÉ. Obé i (obé ie, *par exception*) ; ayant obé i.

SECONDE FORME DU PASSÉ.
Je fusse tomb é, tomb ée.
Tu fusses tomb é, tomb ée, etc.

IMPÉRATIF.

PRÉSENT.
Tomb e.
Tomb ons.
Tomb ez.

FUTUR ANTÉRIEUR.
Sois tomb é, tomb ée.
Soyons tomb és, tomb ées.
Soyez tomb és, tomb ées.

SUBJONCTIF.

PRÉSENT.
Que je tomb e.
Que tu tomb es, etc.

IMPARFAIT.
Que je tomb-as se.
Que tu tomb-as ses, etc.

PASSÉ.
Que je sois tomb é, tomb ée.
Que tu sois tomb é, tomb ée, etc.

PLUS-QUE-PARFAIT.
Que je fusse tomb é, tomb ée.
Que tu fusses tomb é, tomb ée, etc.

INFINITIF.

PRÉSENT. Tomb er.
PASSÉ. Être tomb é, tomb ée.

PARTICIPE.

PRÉSENT. Tomb ant.
PASSÉ. Tomb é, tomb ée; étant tomb é, tomb ée.

131. — Tandis que, dans la conjugaison des verbes passifs, l'auxiliaire *être* s'emploie dans tous les temps, il ne figure, dans celle des verbes neutres, que pour les temps composés seulement : *Je suis, j'étais, je fus, je serai, je serais, sois, que je sois, que je fusse.... tombé.*

132. — On conjugue toujours avec l'auxiliaire *être*, les verbes neutres * *aller*, *arriver*, *entrer*, *décéder*, *retourner*, — * *mourir*, * *venir*, — * *éclore*, * *naître*, ainsi que les composés *rentrer*, — * *intervenir*, * *parvenir*, * *revenir*.

Les verbes qui sont marqués d'un astérisque (*), sont irréguliers ; on

---

131. Quelle différence présente l'emploi de l'auxiliaire *être* dans les verbes neutre et dans les verbes passifs ?

132. Indiquez les verbes neutres qui prennent l'auxiliaire *être* et ceux qui prennent *avoir*.

pourra différer de les conjuguer jusqu'au moment où les difficultés qu'ils présentent seront aplanies.

Ceux qui se conjuguent avec *avoir* sont beaucoup plus nombreux: *errer*, *éternuer*, *rôder*, — * *dormir*, *languir*, *réussir*, — * *nuire*, * *paraître*, * *plaire*, * *vivre*, etc.

Enfin il en est qui peuvent prendre tantôt *avoir* et tantôt *être;* ce sont: *aborder*, *augmenter*, *camper*, *changer*, *dégénérer*, *déménager*, *demeurer*, *échapper*, *échouer*, *empirer*, *expirer*, *monter*, *passer*, *rester*, *résulter*, *tomber*, *sonner*, — * *accourir*, * *convenir*, *grandir*, * *partir*, *vieillir*, — * *déchoir*, * *apparaître*, * *croître*, *descendre*, ainsi que les composés *décamper*, * *décroître*, et les analogues * *échoir*, * *disparaître*, etc.

CONJUGAISON DES VERBES RÉFLÉCHIS.

133. — Les verbes *réfléchis* prennent dans tous leurs temps deux pronoms de la même personne, l'un sujet, l'autre complément direct ou indirect.

Ils se conjuguent dans leurs temps simples comme les verbes actifs; ainsi *s'arroger* sur *aimer*, *se repentir* sur *finir*, etc. Quant aux temps composés, ils prennent sans exception l'auxiliaire *être*.

S'EMPARER : radical *s'empar*.

Temps primitifs : *s'empar er*, *s'empar ant*, *s'étant empar é*, *je m'empar e*, *je m'empar ai*.

INDICATIF.

Présent.	Je m'empare, tu t'empares, etc.
Imparfait.	Je m'emparais, tu t'emparais, etc.
Passé défini.	Je m'emparai, tu t'emparas, etc.
Passé indéfini.	Je me suis emparé *ou* emparée.
	Tu t'es emparé *ou* emparée, etc.
Passé antérieur.	Je me fus emparé *ou* emparée.
	Tu te fus emparé *ou* emparée, etc.
Plus-que-parfait.	Je m'étais emparé *ou* emparée.
	Tu t'étais emparé *ou* emparée, etc.
Futur.	Je m'emparerai, tu t'empareras, etc.
Futur passé.	Je me serai emparé *ou* emparée.
	Tu te seras emparé *ou* emparée, etc.

---

133. Quelles conjugaisons suivent les verbes *réfléchis* ?

CONDITIONNEL.

Présent. Je m'emparerais, tu t'emparerais, etc.
Passé. Je me serais emparé *ou* emparée.
Tu te serais emparé *ou* emparée, etc.

IMPÉRATIF.

Présent. Empare-toi, emparons-nous, emparez-vous.

SUBJONCTIF.

Présent. Que je m'empare, que tu t'empares, etc.
Imparfait. Que je m'emparasse, que tu t'emparasses, etc.
Passé. Que je me sois emparé *ou* emparée.
Que tu te sois emparé *ou* emparée, etc.
Plus-que-parfait. Que je me fusse emparé *ou* emparée.
Que tu te fusses emparé *ou* emparée, etc.

INFINITIF.

Présent. S'emparer.
Passé. S'être emparé *ou* emparée.

PARTICIPE.

Présent. S'emparant.
Passé. S'étant emparé *ou* emparée.

134. — Conjuguez ainsi *s'arroger*, *se désister*, * *se repentir*, * *s'asseoir*, * *se méprendre*, aussi bien qu'un grand nombre de verbes actifs qui peuvent prendre la forme réfléchie, comme : *s'assurer*, *se tromper*, — *se punir*, — *s'apercevoir*, — *se rendre*, etc.

CONJUGAISON DES VERBES IMPERSONNELS.

135. — La plupart des verbes *impersonnels* prennent l'auxiliaire *avoir;* ils sont analogues, pour la formation des temps et la terminaison de la troisième personne du singulier, la seule qu'ils aient, aux quatre conjugaisons des verbes actifs ; ainsi *tonner* se conjugue comme *aimer*, *falloir* comme *recevoir*, etc.

TONNER ; radical *tonn*.
Temps primitifs : *tonn er*, *tonn ant*, *tonn é*, *il tonn e*, *il tonn a*.

INDICATIF.

Présent. Il tonne.
Imparfait. Il tonnait.

---

134. Citer quelques verbes à conjuguer comme réfléchis.

135. Comment se conjuguent les verbes *impersonnels ?*

Passé défini.	Il tonna.
Passé indéfini.	Il a tonné.
Passé antérieur.	Il eut tonné.
Plus-que-parfait.	Il avait tonné.
Futur.	Il tonnera.
Futur antérieur.	Il aura tonné.
	CONDITIONNEL.
Présent.	Il tonnerait.
Passé.	Il aurait tonné.
	SUBJONCTIF.
Présent ou futur.	Qu'il tonne.
Imparfait.	Qu'il tonnât.
Passé.	Qu'il ait tonné.
Plus-que-parfait.	Qu'il eût tonné.
	INFINITIF.
Présent.	Tonner.
Passé.	Avoir tonné.
	PARTICIPE.
Présent.	Tonnant.
Passé.	Tonné.

136. — Conjuguez avec *avoir: il bruine,* * *il convient, il grésille,* * *il faut, il importe,* * *il pleut,* — avec *être : il arrive.*

DES VERBES CONJUGUÉS AVEC INTERROGATION.

137. — Les temps d'un verbe, à quelque classe qu'il appartienne, peuvent se mettre sous forme interrogative, à l'exception de l'impératif, du subjonctif et de l'infinitif.

Suivant ce mode de conjugaison, les pronoms se placent après le verbe, dans les temps simples, et entre l'auxiliaire et le participe, dans les temps composés. On met entre eux et le pronom un trait d'union : *aimes-tu? avait-il reçu?*

Si le verbe ou l'auxiliaire se termine par une voyelle, et que ce pronom commence aussi par une voyelle, on évite l'effet désagréable de cette rencontre, en plaçant en-

---

136. Citez quelques verbes impersonnels à conjuguer.

137. Comment place-t-on les pronoms dans les verbes conjugués avec interrogation ?

tre elles la lettre *t* et deux traits d'union : *aima-t-il? a-t-il fini?*

Les verbes qui n'ont qu'une syllabe à la première personne du présent de l'indicatif, rejettent en général pour cette personne la forme interrogative. Ne dites pas : *Cours-je? mens-je?* etc. Il faut prendre un autre tour : *Est-ce que je cours ? est-ce que je mens?* (LHOMOND.)

Mais on dit : *ai-je? suis-je? fais-je? sais-je? vais-je? dis-je? dois-je? vois-je? puis-je?* parce que ces formes ne sont pas contraires à l'harmonie.

Nous donnerons pour modèles un verbe actif et un verbe réfléchi, afin d'employer les deux auxiliaires. On remarquera que, dans la conjugaison du verbe réfléchi, les deux pronoms sont séparés, aux temps simples, par le verbe lui-même, et aux temps composés, par l'auxiliaire.

Avec *avoir :*

INDICATIF.

PRÉSENT.

Reçois-je ?
Reçois-tu ?
Reçoit-il ?
Recevons-nous ?
Recevez-vous ?
Reçoivent-ils ?

IMPARFAIT.

Recevais-je ?
Recevais-tu ?
Recevait-il ?
Recevions-nous ?
Receviez-vous ?
Recevaient-ils ?

PASSÉ DÉFINI.

Reçus-je ?
Reçus-tu ?
Reçut-il ?
Reçûmes-nous ?
Reçûtes-vous ?
Reçurent-ils ?

PASSÉ INDÉFINI.

Ai-je reçu ?
As-tu reçu ?
A-t-il reçu ?
Avons-nous reçu ?
Avez-vous reçu ?
Ont-ils reçu ?

Avec *être :*

INDICATIF.

PRÉSENT.

M'emparé-je ?
T'empares-tu ?
S'empare-t-il ?
Nous emparons-nous ?
Vous emparez-vous ?
S'emparent-ils ?

IMPARFAIT.

M'emparais-je ?
T'emparais-tu ?
S'emparait-il ?
Nous emparions-nous ?
Vous empariez-vous ?
S'emparaient-ils ?

PASSÉ DÉFINI.

M'emparai-je ?
T'emparas-tu ?
S'empara-t-il ?
Nous emparâmes-nous ?
Vous emparâtes-vous ?
S'emparèrent-ils ?

PASSÉ INDÉFINI.

Me suis-je emparé *ou* emparée ?
T'es-tu emparé ?
S'est-il emparé ?
Nous sommes-nous emparés ?
Vous êtes-vous emparés ?
Se sont-ils emparés ?

PASSÉ ANTÉRIEUR.

Eus-je reçu?
Eus-tu reçu?
Eut-il reçu?
Eûmes-nous reçu?
Eûtes-vous reçu?
Eurent-ils reçu?

PLUS-QUE-PARFAIT.

Avais-je reçu?
Avais-tu reçu?
Avait-il reçu?
Avions-nous reçu?
Aviez-vous reçu?
Avaient-ils reçu?

FUTUR.

Recevrai-je?
Recevras-tu?
Recevra-t-il?
Recevrons-nous?
Recevrez-vous?
Recevront-ils?

FUTUR ANTÉRIEUR.

Aurai-je reçu?
Auras-tu reçu?
Aura-t-il reçu?
Aurons-nous reçu?
Aurez-vous reçu?
Auront-ils reçu?

CONDITIONNEL.

PRÉSENT.

Recevrais-je?
Recevrais-tu?
Recevrait-il?
Recevrions-nous?
Recevriez-vous?
Recevraient-ils?

PASSÉ.

Aurais-je reçu?
Aurais-tu reçu?
Aurait-il reçu?
Aurions-nous reçu?
Auriez-vous reçu?
Auraient-ils reçu?

SECONDE FORME DU PASSÉ.

Eussé-je reçu?
Eusses-tu reçu?
Eût-il reçu?
Eussions-nous reçu?
Eussiez-vous reçu?
Eussent-ils reçu?

PASSÉ ANTÉRIEUR.

Me fus-je emparé *ou* emparée?
Te fus-tu emparé?
Se fut-il emparé?
Nous fûmes-nous emparés?
Vous fûtes-vous emparés?
Se furent-ils emparés?

PLUS-QUE-PARFAIT.

M'étais-je emparé, emparée?
T'étais-tu emparé?
S'était-il emparé?
Nous étions-nous emparés?
Vous étiez-vous emparés?
S'étaient-ils emparés?

FUTUR.

M'emparerai-je?
T'empareras-tu?
S'emparera-t-il?
Nous emparerons-nous?
Vous emparerez-vous?
S'empareront-ils?

FUTUR ANTÉRIEUR.

Me serai-je emparé, emparée?
Te seras-tu emparé?
Se sera-t-il emparé?
Nous serons-nous emparés?
Vous serez-vous emparés?
Se seront-ils emparés?

CONDITIONNEL.

PRÉSENT.

M'emparerais-je?
T'emparerais-tu?
S'emparerait-il?
Nous emparerions-nous?
Vous empareriez-vous?
S'empareraient-ils?

PASSÉ.

Me serais-je emparé, emparée?
Te serais-tu emparé?
Se serait-il emparé?
Nous serions-nous emparés?
Vous seriez-vous emparés?
Se seraient-ils emparés?

SECONDE FORME DU PASSÉ

Me fussé-je emparé, emparée?
Te fusses-tu emparé?
Se fût-il emparé?
Nous fussions-nous emparés?
Vous fussiez-vous emparés?
Se fussent-ils emparés?

OBSERVATION GÉNÉRALE.

138. — Beaucoup de verbes peuvent appartenir à plusieurs classes différentes ; il en est peu qui soient assujettis rigoureusement à une seule.

AIMER est actif dans *j'*AIME *mon prochain* ; il est passif dans *l'homme* EST AIMÉ *de Dieu* ; réfléchi dans *il* S'AIME.

ARRIVER est neutre dans *nous* SOMMES ARRIVÉS *trop tard* ; il est impersonnel dans IL ARRIVERA *de grands malheurs*.

PASSER est actif dans *nous* AVONS PASSÉ *une rude saison* ; passif dans *la mer Rouge* FUT PASSÉE *à sec* ; neutre, *la figure du monde* PASSSE ; réfléchi, vous vous PASSEZ *trop de fantaisies* ; impersonnel, IL SE PASSE *de grands événements*.

Ainsi, c'est d'après le sens exprimé qu'on doit appliquer à un verbe la dénomination d'*actif*, ou celles de *passif*, de *neutre*, etc.

Il en est de même des verbes *avoir* et *être*.

AVOIR est auxiliaire quand il est joint à un participe passé : *j'*AI AIMÉ, *j'*AVAIS FINI ; il est actif lorsqu'il signifie *posséder*, *obtenir* : *j'*AI *de beaux livres*, *j'*AURAI *raison* (sans passif). Enfin ce verbe est impersonnel dans IL Y A.

ÊTRE, que nous avons appelé verbe substantif, et qui est également auxiliaire, devient impersonnel dans IL EST *donc des remords !*

DES VERBES IRRÉGULIERS ET DES VERBES DÉFECTIFS.

139. — On appelle verbes *irréguliers* ceux qui, dans certains temps ou dans certaines personnes, s'écartent des quatre conjugaisons ; et verbes *défectifs*, ceux qui ne sont usités que dans un petit nombre de temps ou de personnes.

Le *conditionnel* ne figure point dans le tableau suivant, parce qu'il est toujours donné par le *futur*, dont il ne diffère que par l'addition d'un *s*. — Nous n'indiquons en général que les premières personnes, on suppléera facilement les autres.

* VERBES IRRÉGULIERS. — PREMIÈRE CONJUGAISON.

ALLER. Je vais, tu vas, il va ; nous allons, vous allez, ils vont. J'allais ; nous allions. J'allai ; nous allâmes. J'irai ; nous irons. Va ;

---

138. Qu'y a-t-il à observer en général sur la classification des verbes ?

139. Qu'appelle-t-on verbes *irréguliers* et verbes *défectifs* ?

allons, allez. Que j'aille ; que nous allions. Que j'allasse ; que nous allassions. Allant ; allé, allée. — Ce verbe prend toujours l'auxiliaire *être*. Quand on le conjugue avec *en*, *s'en aller*, l'auxiliaire doit se placer entre ce pronom et le participe : *Je m'en suis allé* et non *je me suis en allé*.

ENVOYER. J'envoie ; nous envoyons. J'envoyais ; nous envoyions. J'envoyai ; nous envoyâmes. J'enverrai ; nous enverrons. Envoie ; envoyons. Que j'envoie ; que nous envoyions. Que j'envoyasse ; que nous envoyassions. Envoyant ; envoyé, envoyée. — Conjuguez ainsi *renvoyer*.

* DEUXIÈME CONJUGAISON.

ACQUÉRIR. J'acquiers... nous acquérons... ils acquièrent. J'acquérais ; nous acquérions. J'acquis ; nous acquîmes. J'acquerrai ; nous acquerrons. Acquiers ; acquérons. Que j'acquière... que nous acquérions... qu'ils acquièrent. Que j'acquisse ; que nous acquissions. Acquérant ; acquis, acquise. — Conjuguez ainsi *conquérir*, etc.

ASSAILLIR. J'assaille ; nous assaillons. J'assaillais ; nous assaillions. J'assaillis ; nous assaillîmes. J'assaillirai ; nous assaillirons. Assaille ; assaillons. Que j'assaille ; que nous assaillions. Que j'assaillisse ; que nous assaillissions. Assaillant ; assailli, assaillie. — Conjuguez ainsi *tressaillir*.

BOUILLIR. Je bous... nous bouillons... ils bouillent. Je bouillais ; nous bouillions. Je bouillis ; nous bouillîmes. Je bouillirai ; nous bouillirons. Bous ; bouillons. Que je bouille ; que nous bouillions. Que je bouillisse ; que nous bouillissions. Bouillant ; bouilli, bouillie.

COURIR. Je cours ; nous courons. Je courais ; nous courions. Je courus ; nous courûmes. Je courrai ; nous courrons. Cours ; courons. Que je coure ; que nous courions. Que je courusse ; que nous courussions. Courant ; couru, courue. — Conjuguez ainsi *accourir*, etc.

CUEILLIR. Je cueille ; nous cueillons. Je cueillais ; nous cueillions. Je cueillis ; nous cueillîmes. Je cueillerai ; nous cueillerons. Cueille ; cueillons. Que je cueille ; que nous cueillions. Que je cueillisse ; que nous cueillissions. Cueillant ; cueilli, cueillie. — Conjuguez de même *accueillir*, *recueillir*.

DORMIR. Je dors. Je dormais. Je dormis. Je dormirai. Dors. Que je dorme. Que je dormisse. Dormant ; dormi *invariable*. — Conjuguez de même *endormir* et *s'endormir*, qui ont le participe passé variable, *endormie*.

FAILLIR. Temps usités : Je faux... il faut ; nous faillons... ils faillent. Je faillais ; nous faillions. Je faillis. J'ai failli. Je faudrai. Faillant ; failli *invar.* — *Défaillir* a les mêmes temps, sauf le futur.

FUIR. Je fuis... nous fuyons... ils fuient. Je fuyais ; nous fuyions. Je fuis ; nous fuîmes. Je fuirai ; nous fuirons. Fuis ; fuyons. Que je fuie; que nous fuyions. Que je fuisse; que nous fuissions. Fuyant; fui, fuie. — Conjuguez de même *s'enfuir*.

MENTIR. Je mens. Je mentais. Je mentis. Je mentirai. Mens. Que je mente. Que je mentisse. Mentant; menti *invariable*. — Conjuguez de même *démentir*, dont le participe passé est variable, *démentie*.

MOURIR. Je meurs... nous mourons... ils meurent. Je mourais; nous mourions. Je mourus; nous mourûmes. Je mourrai; nous mourrons. Meurs; mourons. Que je meure... que nous mourions... qu'ils meurent. Que je mourusse; que nous mourussions. Mourant, mort, morte.

OFFRIR. J'offre; nous offrons. J'offrais; nous offrions. J'offris; nous offrîmes. J'offrirai; nous offrirons. Offre; offrons. Que j'offre; que nous offrions. Que j'offrisse; que nous offrissions. Offrant; offert, offerte.

OUVRIR, *couvrir* et leurs composés, se conjuguent comme *offrir*.

PARTIR. Je pars. Je partais. Je partis. Je partirai. Pars. Que je parte. Que je partisse. Partant; parti, partie. *Repartir* (*partir de nouveau*) se conjugue de même; mais *répartir* (*distribuer*) est régulier comme *finir*.

SENTIR et ses composés *consentir*, *ressentir*, se conjuguent comme *mentir*.

SERVIR. Je sers. Je servais. Je servis. Je servirai. Sers. Que je serve. Que je servisse. Servant; servi, servie. — *Desservir* se conjugue de même; mais *asservir* est régulier comme *finir*.

SORTIR. Je sors. Je sortais. Je sortis. Je sortirai. Sors. Que je sorte. Que je sortisse. Sortant; sorti, sortie. — *Ressortir* (*sortir de nouveau*) se conjugue de même; mais *assortir* est régulier comme *finir*.

TENIR. Je tiens... nous tenons... ils tiennent. Je tenais; nous tenions. Je tins; nous tînmes. Je tiendrai; nous tiendrons. Tiens; tenons, tenez. Que je tienne... que nous tenions... qu'ils tiennent. Que je tinsse; que nous tinssions. Tenant; tenu, tenue. — Conjuguez de même les composés *s'abstenir, obtenir*, etc. — Observez que le *n* du radical se double quand il est suivi d'un *e* muet : *ils tiennent*.

VENIR, *convenir*, *devenir*, etc., se conjuguent comme *tenir*.

VÊTIR. Je vêts, tu vêts, il vêt; nous vêtons, vous vêtez, ils vêtent. Je vêtais; nous vêtions. Je vêtis; nous vêtîmes. Je vêtirai; nous vêtirons. Vêts; vêtons, vêtez. Que je vête; que nous vêtions. Que je vêtisse; que nous vêtissions. Vêtant; vêtu, vêtue. — Les composés *dévêtir*, *revêtir*, se conjuguent de même. — C'est une faute assez commune que de dire *vêtissant ; je vêtissais*.

* TROISIÈME CONJUGAISON.

ASSEOIR. J'assieds, tu assieds, il assied; nous asseyons, vous asseyez, ils asseyent. J'asseyais; nous asseyions. J'assis; nous assîmes.

J'assiérai *ou* j'asseyerai. Assieds ; asseyons, asseyez. Que j'asseye ; que nous asseyions. Que j'assisse ; que nous assissions. Asseyant ; assis, assise. — Conjuguez de même *rasseoir*.

FALLOIR. Il faut. Il fallait. Il fallut. Il a fallu. Il faudra. Qu'il faille. Qu'il fallût. Fallu *invar*.

MOUVOIR. Je meus... nous mouvons... ils meuvent. Je mouvais ; nous mouvions. Je mus ; nous mûmes. Je mouvrai. Meus ; mouvons, mouvez. Que je meuve... que nous mouvions... qu'ils meuvent. Que je musse ; que nous mussions. Mouvant ; mû, mue. — Conjuguez de même *émouvoir*, *promouvoir*.

POURVOIR. Je pourvois ; nous pourvoyons. Je pourvoyais ; nous pourvoyions. Je pourvus ; nous pourvûmes. Je pourvoirai. Pourvois ; pourvoyons. Que je pourvoie ; que nous pourvoyions. Que je pourvusse ; que nous pourvussions. Pourvoyant ; pourvu, pourvue.

POUVOIR. Je puis *ou* je peux, tu peux... nous pouvons... ils peuvent. Je pouvais ; nous pouvions. Je pus ; nous pûmes. Je pourrai. *Sans impératif*. Que je puisse ; que nous puissions. Que je pusse ; que nous pussions. Pouvant ; pu *invariable*. — Avec interrogation on dit *puis-je ?* et non *peux-je ?*

SAVOIR. Je sais... nous savons... ils savent. Je savais. Je sus. Je saurai. Sache ; sachons, sachez. Que je sache. Que je susse. Sachant ; su, sue.

SURSEOIR. Je sursois... nous sursoyons... ils sursoient. Je sursoyais ; nous sursoyions. Je sursis. Je surseoirai. Sursois ; sursoyons. Que je sursoie ; que nous sursoyions. Que je sursisse. Sursoyant sursis, sursise.

VALOIR. Je vaux ; nous valons. Je valais. Je valus. Je vaudrai. Vaux ; valons, valez. Que je vaille... que nous valions... qu'ils vaillent. Que je valusse. Valant ; valu, value. — On conjugue de même *équivaloir* et *revaloir* ; mais *prévaloir* fait au présent du subjonctif *que je prévale ; que nous prévalions*.

VOIR. Je vois... nous voyons... ils voient. Je voyais ; nous voyions. Je vis ; nous vîmes. Je verrai. Vois, voyons, voyez. Que je voie ; que nous voyions. Que je visse ; que nous vissions. Voyant ; vu, vue. — Conjuguez ainsi *revoir* et *entrevoir* ; mais *prévoir* fait au futur et au conditionnel, *je prévoirai ; je prévoirais*.

VOULOIR. Je veux... nous voulons... ils veulent. Je voulais. Je voulus. Je voudrai. Veuille ; veuillons, veuillez ; *et* — veux ; voulons, voulez. Que je veuille... que nous voulions... qu'ils veuillent. Que je voulusse. Voulant ; voulu, voulue.

* QUATRIÈME CONJUGAISON.

ABSOUDRE. J'absous ; nous absolvons. J'absolvais. *Sans passé défini*. J'absoudrai. Absous ; absolvons. Que j'absolve. *Sans imparfait du subjonctif*. Absolvant ; absous, absoute. — *Dissoudre* se conjugue de même ; *résoudre* a d'autres irrégularités. (*Voyez ce mot.*)

ATTEINDRE. (Comme *craindre.*)

BATTRE. Je bats; nous battons. Je battais. Je battis. Je battrai. Bats; battons, battez. Que je batte. Que je battisse. Battant; battu, battue. Conjuguez de même *abattre*, *combattre*, etc.

BOIRE. Je bois... nous buvons... ils boivent. Je buvais. Je bus. Je boirai. Bois; buvons. Que je boive... que nous buvions... qu'ils boivent. Que je busse. Buvant; bu, bue.

CONCLURE. Je conclus; nous concluons. Je concluais; nous concluîons. Je conclus; nous conclûmes. Je conclurai. Conclus; concluons. Que je conclue; que nous concluîons. Que je conclusse. Concluant; conclu, conclue. — *Exclure* se conjugue de même.

CONDUIRE. Je conduis; nous conduisons. Je conduisais. Je conduisis. Je conduirai. Conduis. Que je conduise; que nous conduisions. Que je conduisisse; que nous conduisissions. Conduisant; conduit, conduite.

On conjugue de même les verbes terminés en *uire*, comme *construire*, *cuire*, *déduire*, *instruire*, etc., excepté *bruire*, *luire*, *nuire*, qui ont d'autres irrégularités.

CONFIRE. Je confis; nous confisons. Je confisais. Je confis. J'ai confit. Je confirai. Confis. Confisant; confit, confite. — Plusieurs grammairiens admettent pour l'imparfait du subjonctif *que je confisse*, quoique l'Académie ne donne pas ce temps.

CONNAITRE. Je connais, il connaît. Je connaissais. Je connus. Je connaîtrai. Connais. Que je connaisse. Que je connusse. Connaissant; connu, connue. — Conjuguez ainsi les composés *méconnaître*, *reconnaître*.

COUDRE. Je couds, tu couds, il coud; nous cousons. Je cousais. Je cousis. J'ai cousu. Je coudrai. Couds; cousons, cousez. Que je couse. Que je cousisse. Cousant; cousu, cousue. — De même *découdre* et *recoudre*.

CRAINDRE. Je crains, il craint; nous craignons. Je craignais; nous craignions. Je craignis. Je craindrai. Crains. Que je craigne; que nous craignions. Que je craignisse. Craignant; craint, crainte.

On conjugue de même : 1° les autres verbes en *aindre : contraindre*, *plaindre;* 2° ceux en *eindre : atteindre, ceindre;* 3° ceux en *oindre : joindre*, *enjoindre*, etc.

CROIRE. Je crois, tu crois, il croit; nous croyons. Je croyais; nous croyions. Je crus; nous crûmes. Je croirai. Crois. Que je croie; que nous croyions. Que je crusse. Croyant; cru, crue. — *Accroire* ne s'emploie qu'à l'infinitif : *Faire accroire.*

CROITRE. Je crois, tu crois, il croît; nous croissons. Je croissais. Je crûs, tu crûs. J'ai crû. Je croîtrai. Crois. Que je croisse. Que je crusse. Croissant; crû, crue; crus, crues. — Conjuguez de même *accroître*, *décroître;* mais l'accent circonflexe ne se place point sur le participe passé, *accru*, *décru*.

DIRE. Je dis; nous disons, vous dites, ils disent. Je disais. Je dis;

nous dîmes. Je dirai. Dis ; disons, dites. Que je dise ; que nous disions. Que je disse ; que nous dissions. Disant ; dit, dite. — *Redire* est le seul de tous les composés de *dire* qui se conjugue absolument de même. *Contredire*, *médire*, etc. font à la seconde personne plurielle du présent de l'indicatif *vous contredisez*, *vous médisez* ; mais à l'impératif *contredire* fait comme *dire* : *Contredites-moi si vous l'osez.* — *Maudire* fait *maudissant* ; *nous maudissons.*

ÉCRIRE. J'écris ; nous écrivons. J'écrivais. J'écrivis. J'écrirai. Que j'écrive. Que j'écrivisse. Écrivant ; écrit, écrite. — Conjuguez de même les dérivés *décrire*, *prescrire*, etc.

FAIRE. Je fais ; nous faisons, vous faites, ils font. Je faisais. Je fis. Je ferai. Fais ; faisons, faites. Que je fasse. Que je fisse. Faisant ; fait, faite. Conjuguez de même *contrefaire*, *défaire*, etc. On n'emploie *parfaire*, *forfaire*, qu'au présent de l'infinitif et aux temps composés : *Il a forfait à l'honneur.* *Malfaire* et *méfaire* n'ont que le présent de l'infinitif.

LIRE. Je lis ; nous lisons. Je lisais. Je lus. Je lirai. Lis ; lisons, lisez. Que je lise. Que je lusse. Lisant ; lu, lue. — On conjugue de même *élire* et les autres composés.

LUIRE. Je luis ; nous luisons. Je luisais. *Point de passé défini ni d'imparfait du subjonctif.* Je luirai. Luis. Que je luise. Luisant ; lui *invariable.* — *Reluire* se conjugue de même.

METTRE. Je mets ; nous mettons. Je mettais. Je mis. Je mettrai. Mets ; mettons, mettez. Que je mette. Que je misse. Mettant ; mis, mise. — Conjuguez de même les composés *admettre*, *commettre*, etc.

MOUDRE. Je mouds, tu mouds, il moud ; nous moulons. Je moulais. Je moulus. Je moudrai. Mouds ; moulons, moulez. Que je moule. Que je moulusse. Moulant ; moulu, moulue. — Conjuguez ainsi *émoudre*, *remoudre*.

NAITRE. Je nais, tu nais, il naît ; nous naissons. Je naissais. Je naquis. Je naîtrai. Nais ; naissons, naissez. Que je naisse. Que je naquisse. Naissant ; né, née. — Conjuguez ainsi *renaître*, dont le participe passé et les temps composés sont cependant hors d'usage.

NUIRE. Je nuis ; nous nuisons. Je nuisais. Je nuisis. Je nuirai. Nuis. Que je nuise. Que je nuisisse. Nuisant ; nui *invariable.*

OINDRE. Voyez *Craindre.*

PAITRE. Je pais, il paît ; nous paissons. Je paissais. Je paîtrai. Pais ; paissons. Que je paisse. Paissant. *Les autres temps ne sont pas usités.* — *Repaître* se conjugue de même ; mais il a de plus les autres temps : *je repus ; j'ai repu ; que je repusse ; repu, repue.*

PARAITRE. Je parais, il paraît ; nous paraissons. Je paraissais. Je parus. Je paraîtrai. Parais ; paraissons. Que je paraisse. Que je parusse. Paraissant ; paru *invariable.* Ce verbe ne prend que l'auxiliaire *avoir.* Ne dites point *plusieurs livraisons de ce recueil ne* SONT *pas encore* PARUES ; on doit dire *n'*ONT *pas encore* PARU. — Conjuguez de même *comparaître* et *reparaître* ; mais *apparaître* et *disparaître* prennent les deux auxiliaires et ont le participe passé variable : *apparue*, *disparue*.

PEINDRE. Voyez *Craindre*.

PLAIRE. Je plais... il plaît ; nous plaisons. Je plaisais. Je plus. Je plairai. Plais ; plaisons, plaisez. Que je plaise. Que je plusse. Plaisant ; plu *invariable*. — Conjuguez de même *complaire* et *déplaire*.

PRENDRE. Je prends... nous prenons... ils prennent. Je prenais ; nous prenions. Je pris. Je prendrai. Prends ; prenons. Que je prenne... que nous prenions... qu'ils prennent. Que je prisse. Prenant ; pris, prise. Conjuguez de même *apprendre*, *comprendre*, etc.

POINDRE. Voyez *Craindre*.

RÉSOUDRE. Ce verbe, outre les temps d'*absoudre*, a le passé défini, *je résolus ;* l'imparfait du subjonctif, *que je résolusse ;* et le participe passé, *résolu*, *résolue*.

RIRE. Je ris ; nous rions. Je riais ; nous riions. Je ris ; nous rîmes. Je rirai. Ris ; rions. Que je rie ; que nous riions. Que je risse ; que nous rissions. Riant ; ri *invariable*. — *Sourire* se conjugue de même.

SUFFIRE. Ce verbe se conjugue comme *confire ;* sauf au participe passé *suffi*, et, par conséquent, aux temps composés.

SUIVRE. Je suis, tu suis, il suit ; nous suivons, vous suivez, ils suivent. Je suivais. Je suivis. Je suivrai. Suis ; suivons, suivez. Que je suive. Que je suivisse. Suivant ; suivi, suivie. — Conjuguez de même *poursuivre*.

TAIRE. Je tais ; nous taisons. Je taisais ; nous taisions. Je tus ; nous tûmes. J'ai tu. Je tairai. Tais ; taisons, taisez. Que je taise. Que je tusse. Taisant ; tu, tue.

VAINCRE. Je vaincs, tu vaincs, il vainc ; nous vainquons, vous vainquez, ils vainquent. Je vainquais. Je vainquis. J'ai vaincu. Je vaincrai. Vaincs ; vainquons, vainquez. Que je vainque. Que je vainquisse. Vainquant ; vaincu, vaincue. — Ce verbe est peu usité au présent et à l'imparfait de l'indicatif. *Convaincre* se conjugue de même.

VIVRE. Je vis ; nous vivons. Je vivais. Je vécus. J'ai vécu. Je vivrai. Vis ; vivons, vivez. Que je vive ; que nous vivions. Que je vécusse ; que nous vécussions. Vivant ; vécu *invariable*. — *Revivre* et *survivre* se conjuguent de même.

* VERBES DÉFECTIFS.

Les verbes *défectifs* sont rarement employés, parce qu'ils manquent de plusieurs temps ou de plusieurs personnes. Ils sont aussi très-irréguliers dans leur formation, dont on peut différer l'étude. Ces verbes sont :

1° *Déchoir*, *échoir*, *braire*, *bruire*, qui s'emploient principalement à la troisième personne soit du singulier, soit du pluriel.

2° *Puer*, *ouïr*, *seoir*, *clore*, *éclore*, *frire*, *traire*, qui manquent de plusieurs temps.

3° *Férir*, *querir*, *ravoir*, *sourdre*, qui n'ont que le présent de l'infinitif.

4° Les participes *issu*, *promu*, *reclus*, *tissu*, formés de verbes dont l'infinitif et les autres temps simples sont hors d'usage. Enfin les expressions *il gît... nous gisons... ils gisent; je gisais; nous gisions; gisant*, dérivées de l'infinitif inusité *gésir*.

CHAPITRE VI.

DU PARTICIPE.

140. — Le *participe* est un mot qui par sa nature appartient au verbe dont il dérive, et qui par son emploi appartient à l'adjectif.

Il tient du verbe, en ce qu'il en a la signification et le régime : AIMANT *Dieu*, AIMÉ de *Dieu ;* il tient aussi de l'adjectif, en ce qu'il qualifie une personne ou une chose, c'est-à-dire qu'il en marque la qualité, comme *vieillard* HONORÉ, *vertu* ÉPROUVÉE (LHOMOND).

Il y a deux participes : le *participe présent* et le *participe passé*.

141. — Le *participe présent*, qui se termine toujours en *ant*, exprime en général une action indiquée comme présente à l'esprit :

Les barbares, *courant* avec ardeur et *frappant* l'air de leurs cris, ébranlèrent un instant les Romains.

Le soleil, *échauffant* la terre, la vivifie.

142. — Le *participe passé*, employé sans auxiliaire, exprime un état ou une action accomplie. Il a diverses terminaisons, et, comme l'adjectif, il prend le genre et le nombre du substantif auquel il se rapporte : *un homme* BLESSÉ, *des hommes* BLESSÉS ; *une lettre* REÇUE, *des lettres* REÇUES ; *un bûcher* ÉTEINT, *des flammes* ÉTEINTES.

Joint à l'un des auxiliaires, il forme, comme on l'a vu, les temps composés des verbes, et dans ce cas il prend le genre et le nombre, soit du sujet, soit du régime; ou bien

140. Qu'est-ce que le *participe?*
141. Qu'est-ce que le *participe présent?*
142. Qu'est-ce que le *participe passé?*

il reste invariable, suivant diverses règles qui sont exposées dans la syntaxe.

CHAPITRE VII.

DE LA PRÉPOSITION.

143. — La *préposition* est un mot invariable, qui aide à unir un mot avec son complément.

Si l'on dit : *Je travaille* POUR *vous*, *pour* aide à exprimer le but ou l'intention; *je suis venu* AVEC *mon frère*, *avec* indique l'union ; *j'écrirai* CONTRE *eux*, *contre* exprime l'opposition.

144. — La préposition se place toujours avant le complément, ainsi que son nom même l'indique (*pré-posée*). Mais quelquefois ce complément est sous-entendu, surtout dans le langage familier : *Si vous parlez* POUR, *je parlerai* CONTRE ; *il a pris son manteau et s'en est allé* AVEC (ACAD.).

Le complément dépend quelquefois de la préposition elle-même, et non d'un autre terme placé avant. Dans cet exemple, *servir Dieu* AVEC *ferveur*, *Dieu*, dit l'Académie, est régime direct de *servir*, et *ferveur*, régime de la préposition *avec*. En effet, ces mots *avec ferveur* expriment simplement une circonstance ajoutée à l'idée principale de la phrase, et qu'on peut en détacher sans que le reste forme un sens incomplet.

145. — Voici les rapports principaux que les prépositions aident à exprimer :

Le BUT OU L'INTENTION : *à*, *envers*, *pour* : *je vais* A *Rome* POUR *accomplir un vœu*.

La CAUSE : *par*, *moyennant* : *il échappa au danger* PAR *son énergie*.

L'INDICATION : *de*, *deçà*, *delà*, *en*, *outre*, *parmi*, *voici*, *voilà* : VOICI *mon chemin*, VOILA *le vôtre*.

Le LIEU : *chez*, *dans*, *devers*, *près*, *sous*, *sur*, *vers* : *J'ai oublié des papiers importants* CHEZ *vous*, DANS *votre cabinet*.

---

143. Qu'est-ce que la *préposition* ?
144. Où se place la préposition ?
145. Quels rapports la préposition aide-t-elle à exprimer ?

L'ORDRE : *devant*, *derrière*, *entre* : *Il fut conduit au supplice* ENTRE *deux malfaiteurs.*

L'OPPOSITION : *contre*, *malgré*, *nonobstant* : *Les Romains marchèrent* CONTRE *Tarente*, MALGRÉ *la présence de Pyrrhus.*

La SÉPARATION : *entre*, *hormis*, *hors* : *L'inondation a renversé tout le village*, HORMIS *dix maisons.*

Le TEMPS : *après*, *avant*, *depuis*, *dès*, *pendant* : DEPUIS *plusieurs siècles, on a toujours chanté le Te Deum* APRÈS *les grandes victoires.*

L'UNION : *avec*, *selon* : *Pisistrate ne paraissait en public qu'*AVEC *une forte escorte.*

146. — Il y a aussi des adjectifs et des participes qu'on emploie généralement comme prépositions, savoir : *attenant*, *attendu*, *concernant*, *excepté*, *proche*, *sauf*, *supposé*, *vu*, etc. Ces mots aident à exprimer, comme les précédents, le *but*, la *cause*, etc.

Enfin on appelle *locution prépositive*, toute réunion de mots équivalant à une préposition, comme : *à cause de*, *à l'égard de*, *à travers*, *au-dessous de*, *au-dessus de*, *auprès de*, *autour de*, *en faveur de*, *jusqu'à*, *près de*, *vis-à-vis de*, etc.

CHAPITRE VIII.

DE L'ADVERBE.

147. — L'*adverbe* est un mot invariable qui modifie un verbe, un adjectif ou un autre adverbe :

Périclès gouverna GLORIEUSEMENT sa patrie; sa parole était TRÈS-*éloquente* ; il fut PRESQUE TOUJOURS en butte aux traits de l'envie.

L'adverbe GLORIEUSEMENT indique de quelle manière Périclès *gouverna*, et modifie ainsi l'idée exprimée par ce verbe ; il en est de même de TRÈS, par rapport à l'adjectif *éloquente*, et de PRESQUE par rapport à l'adverbe *toujours*.

148. — L'adjectif est employé comme adverbe quand il sert à modifier un verbe, comme quand on dit : *chanter* JUSTE, *parler* BAS, *voir* CLAIR, *rester* COURT, *frapper* FORT, *sentir* BON, etc. (LHOMOND).

149. — Les adverbes servent à marquer :

---

146. Quels autres mots peut-on employer comme prépositions ?
147. Qu'est-ce que l'*adverbe* ?
148. L'adjectif ne peut-il pas être employé quelquefois comme adverbe ?
149. Que servent à marquer les adverbes ?

La MANIÈRE ou la QUALITÉ : *Prudemment, sagement,* et un grand nombre d'autres de cette terminaison.

La QUANTITÉ : *assez, autant, aussi, beaucoup, combien, davantage, encore, fort, moins, peu, plus, si, tant, tellement, très, trop.*

Le TEMPS : *alors, aujourd'hui, autrefois, aussitôt, bientôt, demain, désormais, hier, jadis, jamais, tard, tôt, toujours.*

La SITUATION, le LIEU, l'ORDRE : *ailleurs, alentour, dedans, dehors, dessus, dessous, ensemble, ensuite, ici, là, où, y.*

L'AFFIRMATION : *ainsi, assurément, certes, certainement, même, oui.*

La NÉGATION : *aucunement, ne, ne... pas, ne... point, non, non... pas, nullement.*

L'INTERROGATION : *comment ? pourquoi ?*

150. — On appelle *adverbe composé* ou *locution adverbiale*, toute réunion de mots équivalant à un adverbe, comme :

A dessein, à jamais, à la fin, au contraire, au hasard, avant-hier, c'est-à-dire, de bon cœur, long-temps, pêle-mêle, quelque part, sans doute, tout à coup, etc.

CHAPITRE IX.

DE LA CONJONCTION.

151. — La *conjonction* est un mot invariable, qui sert à lier un mot à un autre mot, un sens à un autre sens (ACAD.).

Les étoiles ET les planètes ont à peu près le même aspect ; MAIS elles diffèrent beaucoup par leurs dimensions.

Dans cet exemple, la conjonction *et* sert à lier les deux substantifs *étoiles, planètes ;* et la conjonction *mais* unit le sens du second membre de la phrase à ce qui précède.

152. — On distingue des *conjonctions simples* et des *conjonctions composées.*

Les *conjonctions simples* sont : *car, cependant, comment, conséquemment, dont, et, lorsque, mais, ni, or, ou, partant, pourquoi, puis, puisque, quand, que, quoique, si, sinon, toutefois.*

153. — Les *conjonctions composées* ou *locutions conjonc-*

---

150. Qu'appelle-t-on *adverbe composé* ou *locution adverbiale ?*

151. Qu'est-ce que la *conjonction ?*

152. Comment divise-t-on les conjonctions et quelles sont les *conjonctions simples ?*

153. Quelles sont les *conjonctions composées ?*

tives sont : *ainsi que*, *au contraire*, *au reste*, *du reste*, *au moins*, *du moins*, *au surplus*, *ou bien*, *par conséquent*, *avant que*, *parce que*, *pour que*, ou toute autre expression terminée par la conjonction simple *que* :

AINSI QUE la vertu le crime a ses degrés (RACINE).

On voit, par cette liste, que plusieurs mots d'une autre espèce, comme les substantifs *reste*, *surplus*, et les prépositions *par*, *pour*, etc., concourent à former des conjonctions composées.

REMARQUES PARTICULIÈRES.

154. — OU est conjonction quand on peut le traduire par *ou bien*, et alors, il ne prend pas d'accent : *Sera-t-il vainqueur ou vaincu? Où*, adverbe de lieu et pouvant exprimer la situation, prend toujours un accent grave : *Où me conduisez-vous ?*

QUE est pronom quand il peut se traduire par *lequel*, *laquelle*, ou par *quelle chose*. Alors il est ordinairement régime d'un verbe : QUE *me demandez-vous ?* — Il est adverbe lorsqu'il peut se tourner par *combien ?*

QUE le Seigneur est bon ! QUE son joug est aimable ! (RACINE.)

Enfin ce mot est conjonction quand il unit deux membres de phrase :

Pensez-vous QUE Calchas continue à se taire ? (RACINE.)

SI est adverbe lorsqu'il équivaut à *tant*, *autant* : *Il est si bon ;* mais ce mot est conjonction lorsqu'on veut exprimer une supposition : *Si vous partez, je ne tarderai pas à vous suivre*.

CHAPITRE X.

DE L'INTERJECTION.

155. — L'*interjection* est un mot dont on se sert pour exprimer un sentiment de l'âme, comme la joie, la douleur, etc. (LHOMOND).

Voici les principales interjections :

---

154. Qu'y a-t-il à observer sur *ou* et *où*, sur *que*, sur *si* ?

155. Qu'est-ce que l'*interjection?*

Pour marquer la JOIE : *ah! oh!*
La DOULEUR : *aïe! ah! hélas!*
La SURPRISE : *ha! ho!*
L'AVERSION : *fi! fi donc!*
Pour APPELER : *holà! hem! hé!*
Pour INTERROGER : *eh! hein!*
Pour IMPOSER SILENCE : *chut!*
Pour ENCOURAGER : *çà!*
Pour INVOQUER : *ô, oh!*

156. — Il y a aussi des interjections formées *accidentellement* de mots d'une autre espèce : d'un substantif, d'un adjectif ou d'un verbe :

Courage! paix! ferme! allons!

Enfin on appelle *locution interjective*, toute réunion de mots formant interjection :

Juste ciel! eh bien! eh quoi!

CHAPITRE XI.

DE L'ORTHOGRAPHE.

157. — L'*orthographe* est l'art d'écrire régulièrement les mots d'une langue, et de bien employer les signes grammaticaux.

C'est surtout par l'étude des auteurs et l'usage des dictionnaires, qu'on parvient à connaître la composition littérale des mots. Il est cependant un grand nombre de cas susceptibles d'être ramenés à des règles particulières, qu'il est utile de connaître.

DE LA DÉRIVATION.

158. — Il arrive souvent que la consonne finale d'un mot ne se prononce pas; d'où il résulte qu'on pourrait la supprimer mal à propos en écrivant. C'est surtout par la *dérivation*, que l'on reconnaîtra que cette consonne ne doit point être négligée. En observant l'orthographe d'un

---

156. Quelles sont les *interjections accidentelles* et les *locutions interjectives*?
157. Qu'est-ce que l'*orthographe*?
158. Comment la *dérivation* fait-elle connaître la consonne finale d'un mot primitif?

mot *dérivé*, l'on remonte facilement à la finale du mot *primitif*.

Ainsi l'on doit écrire avec un *d* final, *accord*, *bond* (saut), *bord*, parce que les dérivés *accord er*, *bond ir*, *bord er*, ont le radical terminé par cette lettre. On écrira *champ*, *drap*, *galop*, parce qu'on a dans les dérivés, *champ être*, *drap erie*, *galop er*; on écrira *bois*, *diffus*, *dispos*, à cause de *bois erie*, *diffus ion*, *dispos er*, etc.

Cette règle souffre cependant plusieurs exceptions. Ainsi l'on écrit *abri*, *bijou*, *favori*, *horizon*, quoiqu'il y ait un *t* dans *abriter*, *bijouterie*, *favorite*, *horizontal*; pareillement *décès*, *dépôt*, *intérêt*, *relais*, ne sont point conformes à leurs dérivés *décéd er*, *dépos er*, *intéress er*, *relay er*.

159. — Dans le corps des mots, il y a généralement un rapport assez exact entre les primitifs et les dérivés, du moins pour les principales consonnes. Ainsi *face* donne *façade*; *gage*, *engager*; *négoce*, *négociant*, etc.

On trouve deux *m*, dans *homme*, *femme*, et un seul dans les dérivés *humanité*, *féminin*. Il y a deux *n*, dans *honnête*, *honneur*; mais *honorable*, *honorer*, n'en ont qu'un. *Donner* a deux *n*, tandis que *donation*, *donateur* n'en ont qu'un. On écrit *baril* et *barrique*; *chariot* et *charrette*; *imbécile* et *imbécillité*. Ces différences, ainsi que quelques autres, ne détruisent pas le principe, qui a toujours un grand nombre d'applications.

160. — Dans les dérivés de *fatigue*, *intrigue*, *prodigue* et autres mots de cette désinence, on supprime l'*u* devant *a* : *fatigant* et *intrigant* (adjectifs), *prodigalité*; mais dans la conjugaison des verbes et au participe présent, on écrit *il fatiguait*, *en intrigvant*.

Lorsqu'un mot primitif est terminé par *que* ou *quer*, on change dans les dérivés *qu* en *c* devant *a* : *bibliothèque*, *bibliothécaire*; *expliquer*, *explication*; *vaquer*, *vacances*, etc.; excepté les dérivés *antiquaire*, *attaquable*, *critiquable*, *choquant*, *croquant*, *immanquable*, *marquant*, *reliquaire*, *remarquable*, *risquable*. Les verbes conservent aussi *qu* dans toute leur conjugaison : *il attaquait*, *nous manquâmes*, etc.

* DES CONSONNES QUI SE DOUBLENT.

161. — Les consonnes *h*, *j*, *k*, *q*, *v*, *x*, *z* ne se doublent

---

159. Qu'y a-t-il à observer sur les consonnes dans le corps des mots ?
160. Qu'y a-t-il à observer sur les dérivés des mots terminés par *gue*, *que* et *quer* ?
161. Faites connaître les principaux cas où les consonnes se doublent.

point. — Les consonnes susceptibles d'être doublées sont *b*, *c*, *d*, *f*, *g*, *l*, *m*, *n*, *p*, *r*, *s*, *t*.

B se double seulement dans *abbé*, *rabbin*, *sabbat*, et les *dérivés*.

C se double après les syllabes *oc* et *suc*, au commencement des mots : *occasion*, *succomber*, etc., excepté *océan*, *ocre*, *oculiste*.

D se double seulement dans *addition*, *reddition*.

F se double au commencement des mots après *dif*, *of*, *suf*, sans exception : *difficile*,, *offrande*, *suffire*, etc.

G se double seulement dans *agglomérer*, *aggraver*, *suggérer*.

L se double toujours dans le corps des mots, quand cette lettre est mouillée. Les autres cas échappent à toute règle.

M se double dans les adverbes formés des adjectifs en *ant* ou en *ent* : *méchamment*, *prudemment*, etc.

N se double dans *connaître*, *conniver* et autres mots qui commencent par la même syllabe.

P. Observez que cette lettre se double dans la plupart des mots commençant par *ap* : *appartement*, *appliquer*, *approcher*, etc. Il y a cependant beaucoup d'exceptions parmi lesquelles nous citerons *apaiser*, *apercevoir*, *apitoyer*, *aplanir*, *aplatir*.

R se double dans les mots commençant par *ir* : *irrégulier*, *irritable*, etc. ; excepté *irascible*, *iris*, *ironie*.

S. Cette lettre se double lorsqu'elle a la prononciation forte, entre deux voyelles : *assez*, *assurer*.

T se double au commencement des mots après *at* : *attentat*, *attiser*, etc., excepté *atelier*, *atermoiement*, *athée*, *athénée*, *athlète*, *atome*, *atout*, *atrabilaire*, *âtre*, *atroce*.

DES CAS OU LES CONSONNES NE SE DOUBLENT PAS.

162. — Les consonnes ne se doublent pas :

1° Après un *e* muet : *jETer*, *renouvELer*, *il nivELait*.

2° Après une voyelle affectée d'un accent : *pâte*, *prophète*, *trône*, etc.

3° Après une voyelle composée ou une diphthongue, comme dans *boîte*, *glouton*, *tuile*, etc. Il faut excepter *f*, *r*, *s*, *t*, qui dans ces cas se doublent quelquefois : *souffler*, *courroux*, *laisser*, *quitter*, etc.

* OBSERVATIONS SUR QUELQUES LETTRES.

C. Le son articulé EX doit être suivi de *c* devant *e* ou *i*, lorsque la prononciation de *x* est forte, comme dans *excès*, *exciter*, etc. Mais on écrit *exercer*, *exiler*, etc., parce que la prononciation de cette consonne est douce dans ces derniers mots (*gz*).

E. Le pluriel en *aux* des substantifs terminés en *al* au singulier, ne doit pas prendre un *e* devant cette finale : *un cheval*, *des chevaux* ; etc.

---

162. Faites connaître des cas où les consonnes ne se doublent pas.

Mais si le singulier est en *eau*, la voyelle *e* doit figurer aussi au pluriel : *un bateau*, *des bateaux*. Le principe de la *dérivation* (158) fait connaître, pour un très-grand nombre de cas, si la voyelle composée *au* doit être précédée d'un *e* au singulier dans ces sons douteux. Ainsi l'on écrit *bateau*, *château*, *manteau*, *tombeau*, à cause des noms analogues *batelier*, *châtelain*, *mantelet*, *tombe*, etc.

H. Il ne faut pas oublier la lettre *h* après le *r* initial, dans *rhabiller*, *rhétorique*, *rhingrave*, *rhinocéros*, *rhododendron*, *rhombe*, *rhubarbe*, *rhum*, *rhume*, ainsi que dans les dérivés.

N. Dans les mots dérivés ou composés, le *n* final d'une consonne se change en *m* devant *b* ou *p* : *emballer*, *emporter*, etc., excepté *bonbon* et la seconde syllabe de *embonpoint*.

Œ. Cette voyelle composée se trouve dans *bœuf*, *chœur*, *cœur*, *mœurs*, *nœud*, *œuf*, *œuvre*, *manœuvre*, *œil*, *œillet*, *sœur*, *vœu*.

SC. Cette articulation se trouve, avec le son d'un double *s*, dans *acquiescer*, *adolescence*, *ascendant*, *ascension*, *descendre*, *discerner*, *disciple*, *effervescence*, *escient*, *faisceau*, *fasciner*, *irascible*, *osciller*, *scélérat*, *sceller*, *scène*, *sceptre*, *science*, *scier*, *scintiller*, *susceptible*, *viscère*.

T. Dans les dérivés de *différence*, *essence*, *substance*, on change *c* en *t* : *différentiel*, *essentiel*, *substantiel*. — *Circonstancier*, garde le c de *circonstance*.

AIS, OIS. Enfin, on doit écrire par AIS et non par OIS, les mots tels que : *français*, *anglais*, *connaître*, *il paraît*, etc., ainsi que les imparfaits et les conditionnels de tous les verbes : *J'étais*, *tu avais*, *ils finiraient*, etc.

DES SIGNES GRAMMATICAUX ET ORTHOGRAPHIQUES.

DES MAJUSCULES.

163. — On emploie une *majuscule* ou grande lettre : 1° pour commencer le premier mot de chaque phrase, de chaque vers :

> *L*a colère est une courte démence. *L*a solitude effraye l'homme coupable.
>
> Soumis avec respect à sa volonté sainte,
> *J*e crains Dieu, cher Abner, et n'ai point d'autre crainte. (RAC.)

Cette règle s'applique à tout discours direct, même de peu d'étendue, dans le corps d'une phrase : *César écrivit au sénat romain* : *Je suis venu, j'ai vu, j'ai vaincu*.

---

163. Faites connaître l'emploi des *majuscules* au commencement des phrases.

164. — 2° On met une majuscule devant les divers noms par lesquels on désigne la Divinité :

*D*ieu, l'*E*tre *S*uprême, la *P*rovidence, le *S*eigneur, le *C*réateur.

Mais le mot *dieu* ne prend qu'une petite lettre, lorsqu'il s'applique aux fausses divinités : *On comptait à Rome trente mille dieux.*

165. — 3° Devant les noms de divinités mythologiques, devant les noms propres d'hommes, de femmes, d'animaux, de contrées, de villes, de fleuves, etc., de fêtes, de monuments, de rues, de vaisseaux, de constellations, etc.

*J*upiter, *C*ésar, *C*ornélie, *B*ucéphale, l'*E*urope, les *F*rançais, un *A*nglais, une *G*recque, *P*aris, la *S*eine, la *N*oël, le *L*ouvre, la rue de la *P*aix, le *V*engeur (vaisseau), l'*A*igle (constellation), etc.

166. — 4° Devant les noms placés en apostrophe, devant ceux des vertus, des vices et des êtres moraux, lorsqu'ils sont personnifiés, c'est-à-dire représentés par l'imagination comme des êtres animés :

Répondez, CIEUX et MERS, et vous, TERRE, parlez. (L. RACINE.)
L'ALLÉGORIE habite un palais diaphane (LEMIERRE.)

167. — 5° Devant les noms des grands corps politiques, savants, etc.

L'*É*tat, l'*A*cadémie, l'*I*nstitut de *F*rance, l'*É*glise (corps des fidèles), la *L*égion d'honneur, etc. ; — mais *é*glise (temple) ne prend qu'une petite lettre.

168. — 6° Devant les noms qui forment le titre d'un ouvrage :

Le *T*raité du sublime, le *S*iècle de Louis XIV, l'*E*sprit des lois.

169. — *Remarque.* On ne met point de majuscule au mot *saint*, appliqué aux personnages révérés comme tels par l'Église ; — mais on la met dans la désignation des églises, des localités, etc.

Le martyre de *s*aint Pierre, de *s*aint Jean ; — l'église Saint-Pierre de Rome, Saint-Jean de Latran, etc.

---

164. Comment emploie-t-on les majuscules devant les noms qui désignent la Divinité?

165. Devant quels autres noms propres emploie-t-on les majuscules ?

166. N'emploie-t-on pas aussi une majuscule devant les noms placés en apostrophe ?

167. Devant les noms de quelques grands corps ?

168. Devant les noms qui forment le titre d'un ouvrage ?

169. Qu'y a-t-il à observer relativement au mot *saint ?*

DES ACCENTS.

170. — L'*accent aigu* se met sur l'*é* fermé lorsqu'il termine une syllabe ou qu'il est suivi d'un *s* dans les pluriels :

La bont*é*, l'assembl*é*e, les pr*é*s émaill*é*s.

Mais on écrira sans accent : *aimer*, *venez*, *rochers*, *bergers*, parce que dans ces mots l'*é* fermé de la finale est suivi soit d'un *r* ou d'un *z*, soit de deux consonnes. — *Pied* se trouve dans le même cas.

171. — L'*accent grave* se met sur les *è* ouverts terminant les syllabes ou précédant la consonne finale *s* :

Discrète, amère, accès, après.

172. — On place encore l'accent grave sur *à*, préposition, et non sur *a*, troisième personne du présent de l'indicatif du verbe *avoir* ; pareillement sur *dès*, préposition, et non sur *des*, article composé ; sur *là*, adverbe, et non sur *la*, article ou pronom ; sur *çà*, adverbe ou interjection, et non sur *ça*, pronom ; sur *où*, adverbe, et non sur *ou*, conjonction :

Où la vertu finit, *là* commence le vice.
Nous amènerons le frère *ou* la sœur.
Il alla *à* Rome *dès* sa plus tendre enfance.
Quand on *a des* amis on doit les ménager.

173. — L'*accent circonflexe* se place principalement sur une voyelle restée longue après la suppression d'une lettre employée dans l'ancienne orthographe d'un mot.

Ainsi l'on écrit *lâche*, *même*, *épître*, *rôle*, *piqûre*, parce qu'on écrivait autrefois *lasche*, *mesme*, *épistre*, *roole*, *piquure*.

174. — On met aussi l'accent circonflexe : 1° sur l'*û* des adjectifs *mûr* et *sûr*, pour distinguer ces mots du substantif *mur* et de l'adjectif *sur*, ainsi que de la préposition *sur* ; 2° sur l'*î* des verbes en *aître* et en *oître*, dans tous les temps où cette voyelle est suivie d'un *t* : *il paraîtra*, *nous accroîtrions* ; 3° sur *dû*, *redû*, *crû*, *mû*, participes passés des verbes *devoir*, *redevoir*, *croître*, *mouvoir* ; mais seulement au masculin singulier.

---

170. Faites connaître l'emploi de l'*accent aigu*.

171. Dans quels cas s'emploie généralement l'*accent grave* ?

172. N'emploie-t-on pas aussi l'accent grave pour distinguer quelques mots les uns des autres ?

173. Dans quels cas s'emploie généralement l'*accent circonflexe* ?

174. L'accent circonflexe ne sert-il pas aussi à distinguer quelques mots ?

DE L'APOSTROPHE.

175. — L'*apostrophe* marque l'élision ou la suppression d'une des voyelles *a*, *e*, *i*, quand le mot suivant commence par une voyelle ou un *h* muet.

La voyelle *a* s'élide dans *la*, article ou pronom : *l'envie*, *l'habitude*, *je l'abhorre*.

176. — L'*e* muet se supprime : 1° dans les monosyllabes *je*, *me*, *te*, *se*, *le*, *ce*, *de*, *ne*, *que* : *j'hésite* ; *c'était moi* ; *il n'y a rien*.

2° Dans *lorsque*, *puisque*, *quoique*, mais seulement devant *il*, *ils* ; *elle*, *elles* ; *on* ; *un*, *une* : PUISQU'IL *le veut* ; QUOIQU'ON *puisse dire*, etc.

3° Dans *entre* et *presque*, formant des mots composés : *entr'acte*, *presqu'île* ; — mais on doit écrire : *Choisissez* ENTRE ELLE *et moi* ; *un ouvrage* PRESQUE ACHEVÉ.

177. — La voyelle *i* ne s'élide que dans la conjonction *si*, et seulement devant *il* ou *ils* : *Il viendra* S'IL *peut* ; *ils auront tort*, S'ILS *se fâchent*.

DU TRAIT D'UNION.

178. — Le *trait d'union* (-) sert à marquer la liaison étroite qui existe entre certains mots.

On l'emploie principalement entre un verbe et les pronoms *je*, *me*, *moi*, *nous* ; *tu*, *te*, *toi*, *vous* ; *il*, *ils*, *elle*, *elles* ; *le*, *la*, *les* ; *lui*, *leur* ; *en*, *y*, *ce*, *on*, quand ces pronoms sont sujets ou régimes des verbes qui précèdent : *Irai-je ? viens-tu ? donnez-lui ; achèvera-t-il ? viendra-t-elle ? a-t-on fait ? prenez-en* (LHOMOND).

On le met encore souvent entre les parties des mots composés : *chef-lieu*, *tête-à-tête*, *s'entre-choquer*.

---

175. Que marque l'*apostrophe* ? — Quels sont les cas d'élision de la voyelle *a* ?

176. Quels sont les cas d'élision de la voyelle *e* ?

177. Dans quel cas s'élide la voyelle *i* ?

178. Faites connaître l'emploi du *trait d'union*.

DU TRÉMA.

179. — Le *tréma* est un double point que l'on met sur les trois voyelles *ë*, *ï*, *ü*, lorsqu'on doit les détacher dans la prononciation de celles qui les précèdent, ou pour empêcher qu'elles ne forment avec elles des voyelles composées : *ciguë*, *païen*, *Esaü*.

L'emploi du tréma serait fautif dans les mots *statue*, *charrue*, *étendue*, etc., parce que leur prononciation est la même sans le tréma.

On remarquera que l'*ï* surmonté d'un tréma ne saurait remplacer l'*y*, et que ce serait une faute d'écrire *citoïen, moïen*, parce qu'alors ces mots devraient se prononcer *cito-ien, mo-ien*, ce qui est contraire à l'usage.

Lorsque deux voyelles se suivent et que l'une d'elles peut être accentuée, le tréma est vicieux et l'accent est de règle ; on doit donc écrire *athéisme*, *réunion*, et non *athëisme*, *rëunion*.

L'Académie écrit avec un tréma *poëte*, *poëme*, mais non *poésie*, *poétique*, *poétiser*, *poétereau*.

SECONDE PARTIE.

SYNTAXE.

CHAPITRE PREMIER.

DE L'ANALYSE.

On peut sans inconvénient passer ce chapitre, et en renvoyer l'étude après la syntaxe.

180. — La *syntaxe* a pour objet de fixer l'accord et l'arrangement des mots dans la phrase.

181. — Cette étude a une liaison étroite avec l'*analyse*,

179. Faites connaître l'emploi du *tréma*.

180. Quel est l'objet de la *syntaxe* ?

181. Qu'entend-on par *analyse* ?

qui enseigne à distribuer les parties de la phrase, 1° selon les pensées qu'elle exprime ; 2° selon la valeur de chaque mot pris isolément.

Il y a donc deux sortes d'*analyse* : l'*analyse logique* et l'*analyse grammaticale*.

182. — L'*analyse logique* a pour objet de distinguer dans la phrase les parties principales ou *propositions* qui la composent.

On appelle *proposition*, l'*énonciation d'un jugement ou d'une pensée*, comme dans cet exemple : *La création est belle*, où l'on juge que la qualité *belle* convient à la *création*.

On distingue trois termes dans une proposition : le *sujet*, l'*attribut* et le *verbe*.

DES PARTIES DE LA PROPOSITION.

183. — Le *sujet* est l'objet principal de la pensée. Il est représenté par un substantif : *l'*HOMME *est faible ;* ou par un pronom : CHACUN *songe à soi ;* ou par un autre mot pris substantivement : MENTIR *est un vice.*

L'*attribut* est l'idée secondaire qui se rapporte au sujet. Il est représenté par un adjectif, comme dans : *est-il* SAGE ? ou par un substantif : *médire est une* INFAMIE ; ou par un autre mot pris adjectivement : *vous serez* VAINCU.

Le *verbe* est toujours le verbe *être*, soit distinct : *la terre* EST *ronde ;* soit renfermé dans l'attribut : *le soleil* BRILLE, qu'on peut traduire par *le soleil est* BRILLANT.

On peut conclure de ce dernier exemple, que les trois termes ne sont pas toujours exprimés, mais qu'il faut décomposer l'expression pour les retrouver : *pleurez* équivaut à : *vous, soyez pleurant.*

184. — On appelle *complément logique*, les mots qui sont joints au sujet ou à l'attribut d'une proposition pour les développer.

Dans cette phrase : *Rome, maîtresse du monde civilisé, fut saccagée par les barbares*, — *maîtresse du monde civilisé*, est un complément

---

182. Définissez l'analyse *logique* et la proposition.
183. Définissez le *sujet*, l'*attribut* et le *verbe*.
184. Qu'entend-on par *complément logique?*

logique du sujet *Rome*; — *par les barbares*, est un complément logique de l'attribut *saccagée*.

Le complément logique peut quelquefois se diviser en plusieurs parties :

Vous paissez dans nos champs, sans souci, sans alarmes.

Dans nos champs, forme une première partie du complément logique de l'attribut *paissants* (*vous êtes paissants*) ; — *sans souci*, forme la seconde partie ; — *sans alarmes*, forme la troisième.

DES DIFFÉRENTES SORTES DE PROPOSITIONS.

185. — Il peut y avoir dans une même phrase plusieurs propositions.

Si l'on dit : *L'homme est pécheur, mais la miséricorde de Dieu est grande*, on énonce deux pensées distinctes ou deux jugements liés dans une même phrase : l'un relatif à l'homme, c'est qu'*il est pécheur*; le second relatif à la miséricorde de Dieu, c'est qu'*elle est grande*.

Il y a trois sortes de propositions : la proposition *principale*, la proposition *incidente* et la proposition *subordonnée*.

DE LA PROPOSITION PRINCIPALE.

186. — La proposition *principale* est celle qui n'est sous la dépendance d'aucun terme de la phrase :

Sylla fut l'oppresseur de sa patrie, dont il aurait dû être le soutien. — *Sylla fut l'oppresseur de sa patrie*, est une proposition qui ne dépend d'aucun terme, et qui par conséquent est *principale ;* tandis que l'autre proposition, *dont il aurait dû être le soutien*, est liée au mot *patrie*, régime de l'attribut *oppresseur*.

187. — Il peut y avoir dans une phrase plusieurs propositions qui ne dépendent d'aucun terme. Dans ce cas, celle qui est exprimée la première est dite *principale absolue;* les autres sont appelées *principales coordonnées* ou *relatives*.

Dieu, maître de son choix, ne doit rien à personne ;
Il éclaire, il aveugle, il condamne et pardonne.

Dieu, maître de son choix, ne doit rien à personne, forme la prin-

---

185. Faites connaître les différentes sortes de propositions.

186. Qu'est-ce qu'une proposition *principale ?*

187. Qu'appelle-t-on propositions *coordonnées* ou *relatives ?*

cipale absolue ; *il éclaire*, *il aveugle*, *il condamne et pardonne* : voilà quatre propositions qui ne dépendent d'aucun terme, et qui sont autant de *coordonnées* ou *relatives*.

DE LA PROPOSITION INCIDENTE.

188. — La proposition *incidente* est celle qui est liée par un pronom relatif comme *qui*, *que*, *dont*, etc., à l'un des termes d'une autre proposition :

Salomon acheva le temple qui avait été commencé par David. — *Qui avait été commencé par David*, est une proposition incidente liée au mot *temple*, régime de l'attribut *achevant* (*acheva* ou *fut achevant*).

189. — Il y a deux sortes de propositions *incidentes* : la proposition *incidente déterminative*, et la proposition *incidente explicative*.

La proposition *incidente déterminative* est celle qui est liée d'une manière essentielle au sujet ou à l'attribut d'une autre proposition pour en fixer le sens.

La proposition *incidente explicative* est celle qui est liée seulement comme accessoire à l'un des termes d'une autre proposition, de sorte qu'on peut la retrancher sans altérer le sens de la première :

Les hommes *qui vivent au delà de cent ans* sont fort rares.

Les grands princes encouragent les beaux-arts, *qui font l'ornement de leur règne*.

La proposition *qui vivent au delà de cent ans*, est une incidente *déterminative* ; elle est étroitement liée au sujet *les hommes*, et l'on ne peut l'en détacher sans donner au reste de la phrase un sens absurde. — La proposition *qui font l'ornement de leur règne*, est une incidente *explicative*, liée comme accessoire à *beaux-arts* ; on peut l'en détacher sans altérer le sens et dire, *les grands princes encouragent les beaux-arts*.

DE LA PROPOSITION SUBORDONNÉE.

190. — La proposition *subordonnée* est celle qui est liée à une autre proposition, non pour modifier le sujet

---

188. Qu'est-ce qu'une proposition *incidente* ?

189. Distinguez les deux sortes de propositions incidentes.

190. Qu'est-ce qu'une proposition *subordonnée* ?

ou l'attribut, mais pour affecter cette proposition tout entière.

L'homme serait heureux, si la raison était la règle de sa conduite. — *Si la raison était la règle de sa conduite*, est une proposition subordonnée, qui ne se rattache ni au sujet *l'homme*, ni à l'attribut *heureux*, mais à la proposition tout entière, *l'homme serait heureux*.

Remarque. Le lien qui unit une proposition subordonnée à la proposition principale est toujours une conjonction autre que *et*, *ni*, *ou*, *mais*. Ce lien n'est pas toujours exprimé dans la phrase, mais lorsqu'il est sous-entendu on le supplée facilement.

OBSERVATION GÉNÉRALE.

191. — Ce que nous avons dit des propositions principales coordonnées peut s'appliquer aux propositions incidentes et aux propositions subordonnées. Ainsi dans cette phrase :

Les vrais sages sont ceux qui écoutent la parole de Dieu, qui en méditent les oracles sacrés, qui souffrent avec joie les tribulations où ils sont exposés.

la proposition principale est *ceux (-là) sont les vrais sages*, et les trois autres propositions, *qui écoutent la parole de Dieu, qui en méditent les oracles sacrés, qui souffrent avec joie les tribulations....* sont des incidentes *déterminatives coordonnées*.

DES MOYENS DE DISTINGUER LES PROPOSITIONS.

192. — Il n'est point difficile de distinguer les propositions les unes des autres, lorsque toutes les parties qui les constituent sont exprimées ; mais si l'un des termes, sujet, verbe ou attribut, est supprimé, il faut le rétablir pour bien saisir chaque proposition.

Qui trop embrasse mal étreint, *c'est-à-dire*, CELUI *qui embrasse trop*, *étreint (ou serre) mal*. — Ici le sujet de *étreint*, verbe de la proposition principale, est sous-entendu.

Oh ! bienheureux mille fois, l'enfant que le Seigneur aime ! Le verbe *être* est sous-entendu : *l'enfant que le Seigneur aime*, EST *bienheureux mille fois*.

---

191. Qu'y a-t-il à observer sur les propositions coordonnées ?

192. Comment peut-on distinguer toutes les propositions ?

Rouen est à trente lieues de Paris ; *c'est-à-dire*, SITUÉ. — Ici c'est l'attribut qui n'est point exprimé.

193. — Tout verbe employé à un mode personnel, ou autre que l'infinitif, indique une proposition.

Le sage *estime* que la gloire qui *vient* de la vertu, *est* préférable à celle que *procurent* les armes. — Il y a dans cette phrase quatre verbes à un mode personnel : *estime*, *vient*, *est*, *procurent*, et conséquemment quatre propositions.

Remarque. Les verbes à l'infinitif ne peuvent former par eux-mêmes une proposition, parce qu'ils sont toujours sujets, attributs ou régimes.

Agir ainsi c'est se perdre. — *Agir* est le sujet de la proposition, *perdre* en est l'attribut.

Dieu est venu sur la terre pour sauver les hommes. — *Sauver* est régime de la préposition *pour*, et ne peut être qu'un complément logique de l'attribut *venu*. Il n'y a donc dans cette phrase qu'une proposition, dont les trois termes essentiels sont : *Dieu*, *est*, *venu*.

MÉTHODE D'ANALYSE LOGIQUE.

194. — Pour procéder facilement à l'analyse logique d'une phrase, quel que soit le nombre des propositions qui la composent, il convient :

1° De placer entre deux parenthèses les groupes de mots qui forment des propositions;

2° D'énumérer les diverses propositions, en notant le verbe qui sert de lien dans chacune d'elles ;

3° De consigner enfin toutes les observations relatives à chaque partie de la phrase, c'est-à-dire au sujet, à l'attribut, au verbe et aux compléments logiques.

Exemple d'analyse logique.

Moïse, étant descendu de la montagne, ordonna d'exterminer les Israélites qui avaient adoré le veau d'or; et cet ordre fut exécuté, quoique le nombre se portât à plusieurs mille.

(Moïse, étant descendu de la montagne, ordonna d'exterminer les Israélites), (qui avaient adoré le veau d'or) ; (et cet ordre fut exécuté), (quoique le nombre se portât à plusieurs mille).

Cette phrase renferme quatre propositions ; une principale au verbe

---

193. A quel signe reconnaît-on une proposition ?

194. Comment procède-t-on dans une *analyse logique* ?

ordonna ; une incidente déterminative au verbe *avaient ;* une principale relative au verbe *fut ;* enfin une subordonnée au verbe *se portât.*

Moïse, sujet du verbe *ordonna.*

Étant descendu de la montagne, complément logique du sujet *Moïse.*

Ordonna, verbe attributif renfermant le lien de la proposition principale (*Moïse fut ordonnant*).

D'exterminer les Israélites, complément logique de l'attribut *ordonnant.*

Qui avaient adoré le veau d'or ; proposition incidente déterminative, dont l'objet est de préciser le sens du substantif *Israélites*, complément du verbe *exterminer.* — *Qui*, sujet; *avaient adoré*, verbe et attribut (*étaient ayant adoré*) ; *le veau d'or*, régime de l'attribut.

Et cet ordre fut exécuté, proposition principale relative dans la seconde partie de la phrase, car elle ne dépend d'aucun terme ; — elle a un sujet simple *cet ordre*, et un attribut simple, *exécuté.*

Quoique le nombre se portât à plusieurs mille, proposition subordonnée qui s'applique à la proposition *cet ordre fut exécuté ;* — *le nombre*, sujet simple ; *se portât* (ou *fût se portant*), verbe renfermant l'attribut ; *à plusieurs mille*, complément logique de l'attribut *portant.*

MÉTHODE D'ANALYSE GRAMMATICALE.

195. — Par l'*analyse logique*, on examine dans une phrase les propositions qu'elle renferme; par l'*analyse grammaticale*, on décompose une phrase pour désigner : 1° la nature et l'espèce des mots qui la constituent ; 2° leur fonction dans le discours.

DE LA CLASSIFICATION DES MOTS.

196. — La *lexicologie* fait suffisamment connaître les désignations élémentaires qui peuvent s'appliquer à chaque mot, et qu'on doit résumer ainsi :

Substantif. On dira, pour chaque substantif, s'il est propre ou commun ; le genre, le nombre ; s'il est sujet ou complément, et de quel mot ; s'il est collectif, s'il est composé.

Adjectif. S'il est qualificatif, noter le genre, le nombre et le degré de qualification ; quel substantif il qualifie. — S'il est déterminatif indiquer l'espèce, le genre, le nombre, et quel substantif il détermine.

Article. On dira s'il est simple ou composé ; le genre, le nombre ;

---

195. Qu'entend-on par *analyse grammaticale ?*

196. Comment procède-t-on à l'analyse grammaticale ?

quel est le substantif auquel il se rapporte. Remarquer s'il figure dans un pronom possessif, dans un superlatif absolu.

Pronom. Dire l'espèce, et la personne s'il y a lieu; le genre, le nombre, et s'il est sujet ou régime.

Verbe. A quelle espèce et à quelle conjugaison il appartient; la personne, le nombre, le temps et le mode; si le temps est simple ou composé. Quand le verbe est à l'infinitif, indiquer s'il est employé comme sujet ou comme complément.

Participe. Procéder comme pour l'adjectif qualificatif.

Préposition. Si elle est simple ou composée. Indiquer, s'il y a lieu, le régime.

Adverbe. S'il est simple ou composé. Dire le mot qu'il modifie.

Conjonction. Si elle est simple ou composée.

Interjection. Marquer le sentiment qu'elle exprime.

* DE LA FONCTION DES MOTS.

197. — Il ne suffit pas toujours, dans l'analyse grammaticale, de faire connaître la nature et l'espèce des mots; il faut quelquefois aussi indiquer leur fonction, c'est-à-dire leur emploi dans la phrase.

1. Le substantif peut remplir cinq fonctions diverses :

Il est sujet dans *la* TERRE *tourne*;
Complément direct dans *lisez ce* LIVRE;
Complément indirect : *je vais à* ROME;
Attribut : *le mensonge est un* VICE;
Placé en apostrophe : ROCHERS, *c'est à vous que je me plains.*

198. — 2. L'adjectif qualificatif est employé le plus souvent pour modifier un substantif : *L'homme* VERTUEUX *sera récompensé.*

Ou il remplit les mêmes fonctions que le substantif, c'est-à-dire qu'il est sujet, complément, attribut, etc.

Dans cette phrase : *L'utile est préférable à l'agréable*, *utile* est sujet; *préférable*, attribut; *agréable*, complément indirect.

On sait que l'adjectif peut aussi être employé comme adverbe.

Quant à l'adjectif déterminatif, il se rapporte à un substantif pour en préciser le sens.

199. — 3. La fonction de l'article est de préciser le

197. Quelles sont les fonctions diverses du substantif ?

198. Quelles sont les fonctions de l'adjectif ?

199. Quelle fonction remplit l'article ?

sens du substantif auquel il est joint : LA *fleur* DU *jardin.*

Quelquefois il se rapporte à un adjectif employé comme nom commun : LE *méchant sera puni.*

Il peut accompagner aussi quelques autres mots : LE TIEN *et* LE MIEN, LE PLUS *et* LE MOINS, LE MANGER *et* LE BOIRE, etc.

200. — 4. Le pronom, tenant ordinairement la place du nom, peut remplir les mêmes fonctions que ce dernier, c'est-à-dire qu'il est employé comme sujet, comme complément, comme attribut, ou placé en apostrophe. — On fera connaître, s'il y a lieu, de quel mot il tient la place.

Pronom sujet : NOUS *partirons ce soir.*
Pronom complément direct : *Dieu* VOUS *voit.*
Pronom complément indirect : *Les justes* LUI *obéissent.*
Pronom attribut : *Ce livre est* LE MIEN.
Pronom en apostrophe : O VOUS *dont j'implore la clémence !*

201. — 5. Lorsque le verbe est à un mode personnel, c'est-à-dire à terminaison variable, il suffit de faire connaître les détails demandés par la classification, l'espèce, le mode, le temps, etc. ; mais lorsqu'il est à l'infinitif, il remplit en outre les fonctions de sujet, de complément, d'attribut, et ces indications doivent être données.

Verbe sujet : MENTIR *est un vice.*
Verbe complément : *Je désire* PARTIR ; *il aime* A JOUER.
Verbe attribut : *Travailler c'est* PRIER.

202. — 6. Le participe passé, quand il est seul, est considéré comme un adjectif, et alors on devra faire connaître à quel substantif il se rapporte. Lorsqu'il est joint à un auxiliaire, on dira quel temps composé il forme. Quant au participe présent, il est toujours invariable, et il ne faut pas le confondre avec l'adjectif verbal, qui a ordinairement la même forme, mais qui se rapporte à un substantif et en prend le genre et le nombre.

203. — 7. La préposition, l'adverbe, la conjonction et l'interjection ne présentent pour l'analyse aucune particularité qui ne soit déjà connue.

---

200. Quelles sont les fonctions du pronom ?
201. Quelles fonctions le verbe peut-il remplir ?
202. Qu'y a-t-il à observer sur les deux participes ?
203. Qu'y a-t-il à observer sur les dernières espèces de mots ?

* *Application.*

L'analyse des phrases suivantes servira d'éclaircissement aux procédés indiqués. On peut cependant mettre sous forme abrégée les mots *substantif, adjectif, masculin, féminin*, etc.

La tradition du déluge universel se trouve par toute la terre. L'arche où se sauvèrent les restes du genre humain, a été de tout temps célèbre en Orient, principalement dans les lieux où elle s'arrêta après le déluge.

La, article simple, féminin singulier, se rapporte au substantif *tradition.*

Tradition, substantif commun, féminin singulier, sujet du verbe *se trouve.*

Du, article composé, pour *de le ;* masculin singulier, se rapporte à *déluge.*

Déluge, substantif commun, masculin singulier, complément de *tradition,* au moyen de la préposition *de*, comprise dans l'article *du.*

Universel, adjectif qualificatif, au masculin et au singulier, parce qu'il se rapporte à *déluge.*

Se trouve, troisième personne du singulier du présent de l'indicatif du verbe *trouver* employé ici sous forme réfléchie. — *Se* est un pronom de la troisième personne des deux genres et des deux nombres. Il est complément direct de *trouve* et se rapporte au substantif *tradition,* qu'il rappelle. — *Trouve*, est un verbe de la première conjugaison, parce qu'il a l'infinitif terminé en *er.*

Par, préposition qui indique ordinairement la cause, mais qui exprime ici le lieu; elle unit le substantif *terre* au verbe *se trouve.*

Toute, adjectif indéfini, au féminin et au singulier, parce qu'il se rapporte à *terre.*

La, article simple, féminin singulier, se rapporte à *terre.*

Terre, substantif commun, féminin singulier, complément indirect du verbe *se trouve* au moyen de la préposition *par.*

La, article simple, féminin singulier, se rapporte à *arche.*

Arche, substantif commun, féminin singulier, sujet du verbe *a été.*

Où, adverbe de lieu, signifiant *dans laquelle*, locution qui peut être considérée comme un régime indirect du verbe *se sauvèrent.*

Se sauvèrent, troisième personne du pluriel du passé défini, mode indicatif du verbe *sauver* employé ici sous forme réfléchie. — *Se*, pronom de la troisième personne, des deux genres et des deux nombres. Il est complément direct de *sauvèrent* et se rapporte au substantif *restes.* — *Sauver*, verbe de la première conjugaison à cause de sa terminaison en *er*.

Les, article simple, pluriel des deux genres, se rapporte à *restes.*

Restes, substantif commun, masculin pluriel, sujet du verbe *se sauvèrent.*

Du, article composé, pour *de le*, masculin singulier, parce qu'il se rapporte au substantif *genre*.

Genre, nom commun, masculin singulier, complément du substantif *restes*, au moyen de la préposition *de* comprise dans l'article composé *du*.

Humain, adjectif qualificatif, au masculin et au singulier, parce qu'il se rapporte au substantif *genre*.

A été, troisième personne du singulier du passé indéfini, mode indicatif, du verbe substantif *être*.

De tout temps, locution adverbiale signifiant *toujours* et modifiant l'adjectif *célèbre*. — Elle se compose de la préposition *de*, de l'adjectif indéfini *tout* et du substantif commun *temps*, qui est du masculin et au singulier.

Célèbre, adjectif qualificatif, singulier, des deux genres, employé comme attribut du substantif *arche*.

En, préposition indiquant ici un rapport de lieu.

Orient, substantif propre, masculin singulier, complément de la préposition *en*.

Principalement, adverbe qui exprime la manière; il modifie l'adjectif *célèbre*.

Dans, préposition qui indique un rapport de lieu.

Les, article simple, pluriel, des deux genres, se rapportant à *lieux*.

Lieux, substantif commun, masculin pluriel, complément de la préposition *dans*.

Où, adverbe de lieu, signifiant ici *dans lesquels*, et pouvant être considéré comme complément indirect du verbe *s'arrêta*.

Elle, pronom de la troisième personne, féminin singulier, remplaçant le substantif *arche* et sujet du verbe *s'arrêta*.

S'arrêta, troisième personne du singulier du passé défini, mode indicatif du verbe *arrêter*, employé ici sous forme réfléchie. — *Se*, pronom de la troisième personne, des deux genres et des deux nombres. — Il est complément direct de *arrêta* et se rapporte au substantif *arche* qu'il rappelle. *Arrêter*, verbe de la première conjugaison à cause de sa terminaison en *er*.

Après, préposition indiquant un rapport d'ordre.

Le, article simple, masculin singulier, se rapporte à *déluge*.

Déluge, substantif commun, masculin singulier, complément de la préposition *après*.

CHAPITRE II.

DU SUBSTANTIF.

SUBSTANTIFS DES DEUX GENRES.

204. — Il y a plusieurs substantifs qui changent de genre du singulier au pluriel, et d'autres qui sont masculins dans un sens et féminins dans un autre.

1° Substantifs qui changent de genre au pluriel.

AMOUR est masculin au singulier et féminin au pluriel :

Défaites-vous de *cet amour excessif* pour le luxe.
Muses des doux concerts, mes plus *chères amours*.

DÉLICE est masculin au singulier et féminin au pluriel.

Quel délice ! C'est *un grand délice* (ACAD.).
Il fait ses plus *chères délices* de la chasse.

ORGUE est masculin au singulier et féminin au pluriel : *un orgue excellent ; il y a de bonnes orgues en tel endroit* (ACAD.).

205. — 2° Parmi les substantifs dont le genre est modifié par le sens, on doit remarquer les suivants :

AIGLE, oiseau, est masculin : *le grand et le petit aigle sont chacun d'une espèce isolée.* — Ce mot est féminin lorsqu'il signifie *enseigne*, *armoiries : aigle impériale ; aigle éployée d'argent* (ACAD.).

COUPLE, masculin, emporte un sens d'union, d'assortiment : *un couple d'époux ; un couple d'amis ; un couple de lions sur des pilastres.*

Couple est féminin pour exprimer seulement le nombre deux : *une couple d'œufs ; une couple de poulets.* Il ne se dit jamais des choses qui vont nécessairement ensemble, comme *les gants*, *les bas*, etc. ; on dit alors *une paire.*

ENFANT est masculin s'il désigne un garçon : *un bel enfant.* — Ce substantif est féminin quand il s'applique spécialement à une petite fille : *Quelle charmante enfant ! La pauvre enfant !*

HYMNE, masculin, est un chant profane : *un hymne guerrier*, *un hymne national ;* il peut se dire cependant de tout chant qui a simplement un caractère religieux : *Seigneur, quels hymnes sont dignes de vous ?* — Ce mot est féminin pour signifier un chant qui fait partie de l'office divin : *Les belles hymnes de saint Thomas d'Aquin.*

---

204. Quels sont les substantifs qui changent de genre au pluriel ?

205. Quels sont les substantifs qui ont les deux genres, suivant leurs sens divers ?

OEUVRE s'emploie au masculin dans le style soutenu, pour caractériser un ouvrage éminent : *un œuvre de génie*. — Il se dit au féminin, d'une manière générale, pour toute action, tout ouvrage : *L'œuvre de la création fut achevée en six jours.*

PAQUE et plus ordinairement *Pâques*, masculin, signifie la fête principale des chrétiens : *à Pâques prochain*. Dans ce cas il ne prend pas l'article. — *Pâques* est féminin dans *Pâques fleuries*, le dimanche *des Rameaux ; faire de bonnes pâques*. Enfin *Pâque* est singulier féminin et rejette le *s* final, pour signifier la fête principale des Juifs : *Moïse institua la Pâque.*

DU PLURIEL DANS LES NOMS COMPOSÉS.

206. — Quand un nom est composé d'un adjectif et d'un nom, ils prennent tous les deux la marque du pluriel : *un arc-boutant, des arcs-boutants* (LHOMOND).

Quand il est composé de deux noms unis par une préposition, on ne met la marque du pluriel qu'au premier des deux noms : *un chef-d'œuvre, des chefs-d'œuvre ; un arc-en-ciel, des arcs-en-ciel* (LHOMOND).

Ni les verbes ni les mots invariables ne prennent la marque du pluriel : *un contre-coup, des contre-coups ; un passe-partout, des passe-partout.*

Garde, reste invariable dans *des garde-robes, des garde-fous,* parce que c'est le verbe *garder ;* mais ce mot prend le signe du pluriel dans *gardes champêtres, gardes nationaux* (noms composés sans trait d'union), parce que le sens est *gardien.*

207. — *Remarque.* Certains noms composés veulent, même au singulier, que l'on mette un *s* à quelqu'une de leurs parties. On dira : *un porte-clefs, un serre-papiers, un va-nu-pieds,* parce que ces mots signifient : *un employé qui porte les clefs; un petit meuble où l'on serre les papiers; un vagabond qui va nu-pieds.*

Un grand nombre de mots composés restent au contraire au singulier, quoiqu'il y ait pluralité dans l'idée : *des serre-tête, des réveille-matin;* il s'agit de bonnets pour *serrer la tête,* d'horloges qui *réveillent le matin.*

---

206. Comment forme-t-on le pluriel dans les noms composés ?

207. Qu'y a-t-il à remarquer sur certains noms composés ?

DU PLURIEL DANS LES NOMS PROPRES ET DANS CEUX QU'ON A EMPRUNTÉS DES LANGUES ÉTRANGÈRES.

208. — Les noms propres de personnes, dans leur sens ordinaire, restent toujours au singulier :

Les deux *Corneille* se sont distingués dans la république des lettres.
Les trois *Gordien* parvinrent successivement à l'empire.

Remarque. — Cette règle n'est point applicable aux noms propres de rivières, de provinces : *les deux Sèvres, les deux Indes.*

209. — Lorsque les noms propres sont employés hors de leur sens ordinaire, ils peuvent recevoir la forme plurielle :

Un Auguste aisément peut faire des *Virgiles.*
Aux siècles des Midas, on ne voit point d'*Orphées.*

Dans ces exemples, *Virgiles*, *Orphées*, signifient des poëtes semblables à Virgile, à Orphée, et cessent d'être des noms propres.

210. — Les noms des grandes familles historiques peuvent prendre le signe du pluriel.

Les Bourbons, les Stuarts, les douze Césars.

211. — Parmi les substantifs empruntés des langues étrangères, il faut remarquer les suivants qui ne prennent point la marque du pluriel :

Des alibi, des alinéa, des duplicata, des errata, des impromptu, des in-folio, des in-quarto, des quiproquo, des vivat (ACAD.).

On peut y ajouter, 1° les mots latins sous lesquels on désigne les prières, les psaumes, etc., qui commencent par ces termes : *des ave, des credo, des confiteor, des miserere, des pater, des Te Deum*, etc. ;

2° Une foule de mots tirés soit aussi du latin, soit des langues modernes : *des maximum, des minimum, des veto, des recto, des verso, des concetti, des crescendo, des lazzi*, etc.

Mais l'Académie écrit au pluriel :

Des albums, des altos, des bravos, des duos, des factotums, des

---

208. Les noms propres prennent-ils en général la marque du pluriel ?

209. Qu'y a-t-il à observer s'ils sont employés hors de leur sens ordinaire?

210. Qu'y a-t-il à observer sur les noms des familles historiques ?

211. Quels sont les mots de forme étrangère qui prennent le signe du pluriel ?

factums, des folios, des opéras, des oratorios, des pensums, des quatuors, des récépissés, des reliquats, des spécimens, des trios, des zéros.

L'usage joint à ces derniers noms, *des accessits, des agendas, des dominos, des numéros, des panoramas, des placets, des quolibets, de pianos, des tilburys*, etc.

COMPLÉMENT DU SUBSTANTIF.

212. — Le substantif, comme plusieurs autres espèces de mots, peut avoir un *complément* qui achève ou *complète* l'idée commencée.

Les *hommes de foi* sont rares; le *désir de s'élever* doit avoir des bornes; — on n'aurait ici qu'un sens absurde, ou du moins incomplet, si au substantif *hommes* on n'eût ajouté *de foi*, et si au mot *désir* on n'eût ajouté *de s'élever*. Ainsi *hommes* a pour complément *de foi*, et *désir* a pour complément *de s'élever*.

213. — Lorsqu'un substantif est complément d'un autre nom, et qu'il exprime l'idée de la matière dont le premier est formé, on les joint l'un à l'autre par la préposition *de* et non par la préposition *en*.

On écrira donc : *montre d'or, médaille d'argent, table de marbre, maison de pierre;* et non, *montre en or, médaille en argent*, etc.

214. — On met au singulier le complément qui exprime une idée vague d'espèce; mais on emploie le pluriel s'il représente des objets distincts.

Un tas de *foin*.	Un tas de *moellons*.
Deux mesures de *ble*.	Deux mesures de *pommes*.
Une fabrique de *savon*.	Une fabrique de *chapeaux*.
Un recueil de *musique*.	Un recueil d'*estampes*.
Un marchand de *vin*.	Un marchand de *vins fins*.
Un lit de *plume*.	Un paquet de *plumes*.

---

212. Le substantif ne peut-il pas avoir un complément?
213. Quelle préposition doit prendre le substantif complément?
214. Dans quels cas le complément doit-il être au singulier ou au pluriel?

CHAPITRE III.

DE L'ADJECTIF.

ACCORD. — RÈGLES GÉNÉRALES.

215. — Tout adjectif doit être du même genre et du même nombre que le nom ou le pronom auquel il se rapporte :

Le *bon* père, la *bonne* mère ; de *beaux* jardins; de *belles* fleurs.
Je le sais *inquiet ;* je la crois *douce ;* ils sont *vertueux.*

216. — Quand un adjectif se rapporte à plusieurs substantifs du nombre singulier et du même genre, il se met au pluriel et au même genre que ces derniers.

Le *riche* et le *pauvre* sont *égaux* devant Dieu.
La *clémence* et la *bonté* sont *peintes* sur son front.

217. — Quand un adjectif se rapporte à plusieurs substantifs de différents genres, il doit se mettre au masculin pluriel :

Quel plus beau spectacle que celui de *la vertu* et *du talent* heureusement *unis?*

Remarque. Si l'adjectif a une terminaison différente pour chaque genre, le substantif masculin doit être placé le dernier :

Il demeura stupéfait, *la bouche* et *les yeux* OUVERTS. — Il serait incorrect de dire : *les yeux et la* BOUCHE OUVERTS.

Cette règle n'est point de rigueur, si le masculin et le féminin n'ont qu'une différence peu sensible pour l'oreille : *Ils évitent les mots et les actions défendues.*

218. — L'accord de l'adjectif se fait avec le dernier substantif si le sens exclut le premier :

Le bon goût des Égyptiens leur fit aimer la solidité et la *régularité*

---

215. Indiquez la règle d'accord de l'adjectif.
216. Comment se fait l'accord de l'adjectif avec plusieurs substantifs ?
217. Comment se fait l'accord, si les substantifs sont de différents genres?
218. Dans quels cas l'adjectif prend-il le genre et le nombre du dernier substantif ?

toute nue; — ici l'adjectif *nue* ne peut se rapporter à *solidité,* parce que le sens de ce dernier mot s'y oppose.

Remarques. 1° Cette règle s'applique au cas où les deux substantifs sont séparés par la conjonction *ou :*

Il obtenait tout par sa patience ou son *audace incroyable;* — ici *incroyable* ne peut modifier que le substantif *audace,* parce que la conjonction *ou* exclut *patience* de cet accord.

2° Lorsqu'il y a gradation ou marche croissante dans les idées exprimées par plusieurs substantifs, le dernier détermine aussi l'accord :

... Le fer, le bandeau, la *flamme* est *toute prête;* — l'attention se porte à peine sur le *fer*, sur le *bandeau,* pour ne s'occuper que de la *flamme* qui va bientôt dévorer la victime.

3° Enfin, lorsque deux substantifs ont une signification à peu près semblable, l'adjectif s'accorde avec le dernier, parce qu'il n'y a qu'une idée exprimée :

Toute sa vie n'a été qu'un travail, qu'une *occupation continuelle;* — dans ce cas, ce serait une faute de lier par la conjonction *et* les deux substantifs synonymes. On ne dirait donc pas : *toute sa vie n'a été qu'un travail* ET *une occupation continuelle;* la ressemblance du sens dans les deux substantifs exclut l'idée d'addition.

219. — L'adjectif s'accorde avec le collectif ou avec le nom qui suit ce collectif selon que l'un ou l'autre fixe plus particulièrement le sens.

On dira donc : *une troupe de soldats* COMPACTE *et sans ordre,* parce que l'adjectif a un rapport étroit avec *troupe;* mais le sens exige un accord différent dans *une foule de soldats* BLESSÉS.

De même lorsque les deux substantifs sont séparés par la préposition *de.* Dans ces exemples : *des boutons de* MÉTAL JAUNE; *des* BOUTONS *de métal* RONDS, l'adjectif *jaune* se rapporte plutôt à *métal* qu'à *boutons;* le contraire a lieu pour *ronds.*

220. — Tout adjectif modifiant un verbe, c'est-à-dire employé adverbialement, demeure invariable :

Cette glace s'est cassée *net.* On lui coupa les cheveux *très-court.*

Dans ces exemples, les mots *net, très-court,* sont pris adverbialement, parce qu'ils modifient des verbes. Ils expriment la manière dont *la glace s'est cassée,* dont *on coupa les cheveux;* ils doivent donc être invariables. — Mais on dira *Cette* AFFAIRE *n'est pas* NETTE; *il porte les* CHEVEUX TRÈS-COURTS, parce que ces mots *nette, très-courts,* se rapportent exactement

---

219. Comment se fait l'accord de l'adjectif avec un collectif?

220. Qu'y a-t-il à observer sur les adjectifs pris adverbialement?

à *affaire*, à *cheveux*, et sont par conséquent employés comme adjectifs.

RÈGLES PARTICULIÈRES.

221. — Quelques adjectifs ou participes sont invariables, lorsqu'ils précèdent le substantif, mais ils prennent l'accord quand ils le suivent.

COMPRIS. Il donne mille écus aux pauvres, *y compris, non compris* les aumônes secrètes. — Il donne mille écus aux pauvres, les *aumônes* secrètes non *comprises*.

DEMI. Une *demi-heure*, une *heure et demie*.

EXCEPTÉ. Ils ont tous péri, *excepté* deux personnes. — Ils ont tous péri, deux *personnes exceptées*.

FRANC DE PORT. Vous recevrez *franc de port* les lettres que je vous adresse. — Ces paquets étaient *francs de port*.

NU. Il est *nu-pieds*. — Il a les *pieds nus*.

SUPPOSÉ. *Supposé* cette circonstance, ces *faits supposés*, la discussion commença.

222. — GRAND. — Cet adjectif ne prend pas d'*e* au féminin, lorsqu'il est lié avec le substantif de manière à ne former avec lui qu'une même locution; cette voyelle se remplace alors par une apostrophe : *à grand'peine; il n'a pas grand'chose; des grand'mères*.

On dit cependant : *Il y a de* GRANDES PEINES *dans la vie; c'est une* GRANDE CHOSE *que de se consacrer au service des pauvres;* parce que le sens ne lie pas aussi étroitement les deux mots.

223. — GENS. — Le substantif pluriel *gens* veut au féminin les qualificatifs qui le précèdent immédiatement, et au singulier ceux qui le suivent.

Instruits par l'expérience, les *vieilles* gens sont *pleins* de circonspection.

L'adjectif *vieilles* est au féminin, parce qu'il précède immédiatement le substantif *gens*. Les autres suivent l'accord ordinaire.

Remarque. Au lieu du féminin *toutes* devant ce nom, on emploie le le masculin *tous :* 1° quand cet adjectif est le seul qui précède; 2° quand il est suivi d'un autre adjectif dont la terminaison est la même pour les deux genres : Tous *les gens de bien l'avaient prévu ;* TOUS *les* HONNÊTES

---

221. Quels sont les adjectifs dont l'accord varie selon la place qu'ils occupent?

222. Qu'y a-t-il à observer sur l'adjectif *grand?*

223. Qu'y a-t-il à observer sur le substantif *gens?*

gens en ont gémi.— Mais hors de ces cas on emploie le féminin : TOUTES *les bonnes gens se sont intéressés à son malheur.*

224. — QUELQUE CHOSE. — Lorsque cette locution présente un sens indéfini, elle forme un pronom composé, et elle reste invariable, ainsi que l'adjectif suivant :

Auriez-vous *quelque chose* de *fâcheux* à me dire ?

Mais *chose* est substantif et veut l'accord, si le sens exprime *quelle que soit la chose que, certaine chose :* QUELQUE CHOSE *qu'il m'ait dite, je suis resté calme ; on lui dit* QUELQUES CHOSES TOUCHANTES, *et il s'apaisa.*

COMPLÉMENT DES ADJECTIFS.

225. — Quand deux adjectifs se construisent avec des prépositions différentes, le premier reçoit d'abord le complément commun, et le second prend un des pronoms *lui*, *leur* ou *en*.

Cet homme est *utile à sa famille* et *en est chéri.*

Utile réclame la préposition *à*, et *chéri* la préposition *de ;* ce serait donc une faute de dire : *Cet homme est utile et chéri de sa famille* (LHOMOND).

PLACE DES ADJECTIFS.

226. — Quelques adjectifs se mettent avant le nom, comme *beau jardin*, *grand arbre ;* d'autres se mettent après le nom, comme *habit rouge*, *table ronde*, etc. ; l'usage est le seul guide à cet égard (LHOMOND).

Il faut remarquer cependant que le sens du nom change quelquefois, selon que l'adjectif est placé avant ou après. Ainsi *un brave homme* est celui qui a de la probité, qui est bon, honnête, obligeant ; *un homme brave* est celui qui a du courage, de la bravoure. — *De méchants vers* sont ennuyeux, sans grâce, sans mérite ; *des vers méchants* sont malins, satiriques.

227. — Tout adjectif doit se rapporter sans équivoque à un nom exprimé, ou du moins clairement désigné dans la phrase.

Ainsi l'on ne dira pas : *épris des beaux-arts, votre père vous four-*

---

224. Qu'y a-t-il à observer sur la la locution *quelque chose ?*

225. Quel tour emploie-t-on lorsque deux adjectifs veulent après eux des prépositions différentes ?

226. Qu'y a-t-il à observer sur la place des adjectifs ?

227. Comment évite-t-on les équivoques dans l'emploi des adjectifs ?

nira les moyens de les cultiver. — Le rapport de l'adjectif *épris* est équivoque dans cette phrase ; on ne voit point si c'est *votre père* qui est épris, ou si c'est vous. On rendra la phrase correcte en disant, selon le sens qu'on veut exprimer : *Comme votre père est épris des beaux-arts*, ou *comme vous êtes épris*, etc.

ADJECTIFS POSSESSIFS.

228. — Lorsqu'il s'agit d'êtres inanimés, au lieu de l'adjectif possessif, *son, sa, ses, leur, leurs*, on emploie l'article et le pronom *en*, si ces deux derniers mots peuvent entrer régulièrement dans la phrase.

Ainsi l'on dira d'un édifice : *la voûte en est hardie;* et, en parlant des sciences, *j'en aime l'étude ;* il serait incorrect de dire *sa voûte est hardie; j'aime leur étude.*

On dira au contraire : *Cet édifice a* SA *voûte mal assurée; les sciences ont bien* LEURS *difficultés*, parce que, dans ces dernières phrases, on ne pourrait remplacer les adjectifs possessifs *sa* et *leurs* par l'article et le pronom *en*.

229. — L'adjectif possessif *son, sa, ses*, se remplace en général par l'article ou par *un, une*, lorsqu'il ne peut y avoir lieu de douter quel est le possesseur.

On ne dira donc pas : *j'ai mal à* MA *tête ; il s'est cassé* SON *bras ;* mais, *j'ai mal à* LA *tête ; il s'est cassé* UN *bras.*

Cependant les locutions suivantes ne sont pas incorrectes : *Levez vos yeux vers le ciel ;* MA *migraine me reprend tous les jours; cet enfant fait* SES *dents ; nous étions mal à* NOTRE *aise* (ACAD.) ; parce que dans tous ces cas l'adjectif possessif ajoute au nom une précision particulière.

230. — L'adjectif possessif, exprimé d'abord, doit être répété devant les divers noms réunis par le sens.

On ne dira point : *il a perdu ses biens et honneurs; vous compromettez votre gloire et fortune;* il faut *il a perdu ses biens et ses honneurs; vous compromettez votre gloire et votre fortune.*

Mais on dirait sans répéter l'adjectif : *mes grands et beaux appartements*, parce que les deux qualificatifs *grands* et *beaux* s'appliquent aux mêmes objets.

---

228. Dans quel cas remplace-t-on *son, sa, ses*, par le pronom *en?*

229. Dans quel cas remplace-t-on *son, sa, ses*, par l'article ou par *un, une?*

230. Qu'y a-t-il à observer sur la répétition de l'adjectif possessif ?

ADJECTIFS NUMÉRAUX.

231. — Les adjectifs de nombre *vingt* et *cent* prennent la marque du pluriel, lorsqu'ils sont multipliés par un autre adjectif numéral et suivis immédiatement d'un substantif : *quatre-vingts hommes ; deux cents chevaux.* Hors de là, ils sont invariables : *vingt arbres ; cent dix maisons ; quatre-vingt-cinq francs ; trois cent deux volumes ; l'an six cent.*

Mille est toujours invariable : *mille chevaux ; trois mille hommes.* — Dans l'ordre des années depuis l'ère chrétienne, on dit *mil* et non *mille : L'hiver fut très-rigoureux en* MIL *sept cent neuf* (LHOMOND).

Remarque. ***Mille***, **mesure géographique, est substantif et prend le signe du pluriel :** ***Les Romains indiquaient les milles sur les routes par des pierres.***

ADJECTIFS INDÉFINIS.

232. — CHAQUE. — Cet adjectif se place toujours devant le nom auquel il se rapporte; mais si le nom précède, on doit mettre le pronom *chacun :*

Ces livres coûtent cent francs CHACUN ; et non, *cent francs chaque.*

233. — TOUT. — *Tout*, mis pour *quoique*, ne change point de nombre devant un adjectif masculin. Ainsi dites : *Les enfants,* TOUT *aimables qu'ils sont, ne laissent pas d'avoir bien des défauts* (LHOMOND).

Quand *tout* signifie *entièrement*, il suit la même règle : *Ils sont* TOUT *interdits ; elles sont* TOUT *interdites ;* c'est-à-dire *entièrement interdits*, etc.

Tout ne change ni de genre ni de nombre, devant un adjectif féminin pluriel qui commence par une voyelle ou un *h* muet. Ainsi dites : *Ces images,* TOUT AMUSANTES *qu'elles sont, ne me plaisent pas.*

Mais si l'adjectif féminin commence par une consonne,

---

231. Qu'y a-t-il à observer sur *vingt, cent* et *mille?*

232. Qu'y a-t-il à observer sur *chaque?*

233. Qu'y a-t-il à observer sur *tout?*

alors on met *toute, toutes*. Exemple : *Cette image*, TOUTE BELLE *qu'elle est, ne me plaît pas; ces images*, TOUTES BELLES *qu'elles sont, ne me plaisent pas* (LHOMOND).

234. — QUELQUE...QUE; QUEL QUE. *Quelque... que* s'emploie de cette manière : s'il y a un adjectif entre *quelque* et *que*, alors *quelque* ne prend jamais de *s* à la fin, parce qu'il est adverbe :

Les rois, *quelque* puissants *qu*'ils soient, ne doivent pas oublier qu'ils sont hommes (LHOMOND).

S'il y a un nom entre *quelque* et *que*, on doit mettre *quelque* au même nombre que le nom, parce qu'il est adjectif :

Quelques richesses *que* vous ayez, vous ne devez pas vous enorgueillir.

Si le nom n'est placé qu'après le *que* et le verbe, il faut écrire en deux mots séparés *quel* ou *quelle que, quels* ou *quelles que :*

Quelle que soit votre force, *quelles que* soient vos richesses, vous ne devez pas vous enorgueillir. — Votre puissance, *quelle qu'elle soit*, ne vous donne pas le droit de mépriser les autres (LHOMOND).

CHAPITRE IV.

DE L'ARTICLE.

235. — Quand un nom commun est pris dans un sens *partitif*, c'est-à-dire pour désigner une partie d'un tout ou d'une collection, il doit prendre l'article composé *du, de la, des :*

Donnez-moi *du pain*; ayez *de la compassion* pour les malheureux ; il y a *des hommes* bien coupables.

On reconnait qu'un nom est pris dans un sens partitif, lorsqu'on peut placer devant lui un des mots *quelque, plusieurs, un peu, certain*, etc. *Donnez-moi du pain*, c'est-à-dire *quelque pain, un peu de pain ; — il y a des hommes bien coupables*, c'est-à-dire *plusieurs* ou *certains hommes bien coupables*.

---

234. Quelle différence y a-t-il entre *quelque... que* et *quel que ?*

235. Quel article emploie-t-on devant les noms pris dans un sens partitif ?

D'après cette règle, il ne faut point dire : *avez-vous* D'ARGENT? *y a-t-il* D'EAU *dans ce puits?* etc., mais *avez-vous* DE L'ARGENT ? *y a-t-il* DE L'EAU *dans ce puits ?* etc.

236. — Si le nom pris dans un sens partitif est précédé d'un adjectif, on emploie la préposition *de* sans l'article :

J'ai reçu *de tristes* nouvelles; avez-vous *de bonnes* plumes ? et non : j'ai reçu *des tristes* nouvelles ; avez-vous *des bonnes* plumes ?

Remarque. On doit cependant employer l'article composé *du*, *de la*, *des*, si le nom et l'adjectif sont étroitement liés par le sens de manière à ne former qu'une même locution : *des petits maîtres ; du bon sens ; des grands hommes.*

237. — On supprime l'article devant le complément d'un adverbe de quantité, ou d'un collectif partitif :

Ne faites pas tant *de* bruit; combien vous reste-t-il *de* pages à copier ?

Un grand nombre *de* personnes ont péri dans ce naufrage.

L'adverbe de quantité *bien* et le collectif *la plupart* font seuls exception à cette règle :

Un repentir sincère efface bien *des* fautes.
La plupart *des* hommes agissent sans réfléchir.

238. — Lorsqu'un verbe est modifié par un adverbe de négation, comme *ne*, *ne...pas*, etc., le substantif suivant prend la préposition *de* sans l'article :

Il n'y a pas *de* place ici ; il parle sans faire *de* fautes.

Mais on emploie l'article, si la phrase est interrogative, ou si malgré la négation le sens est réellement affirmatif :

N'a-t-il pas *des* enfants? N'avez-vous pas *de la* fortune ?

Il ne peut parler sans faire *des* fautes. — *C'est-à-dire* il fait continuellement *des* fautes.

DE L'ARTICLE DANS LE SUPERLATIF.

239. — L'article qui figure dans *le plus*, *le moins*, *le mieux*, varie si le sens exprime une sorte de comparaison.

---

236. Qu'y a-t-il à observer, si le nom est précédé d'un adjectif ?

237. L'emploi de l'article a-t-il lieu après un adverbe de quantité ou un collectif partitif ?

238. Qu'emploie-t-on après un verbe modifié par une négation ?

239. Comment se modifie l'article dans *le plus, le moins, le mieux?*

On s'empresse autour d'elle, parce qu'elle est *la plus* affligée. — *C'est-à-dire* parce qu'elle est plus affligée que ses compagnes.

Nous encouragerons *les plus* faibles. — *C'est-à-dire* ceux qui sont plus faibles que les autres.

Mais si le sens de la phrase n'est point comparatif, l'article reste invariable :

Cette femme est douée d'une fermeté qui ne se dément pas, lors même qu'elle est *le plus* affligée. — *C'est-à-dire* affligée au plus haut point, au plus haut degré.

RÉPÉTITION DE L'ARTICLE.

240. — Lorsque plusieurs substantifs sont placés de suite, et que l'article figure devant le premier, on doit le répéter devant chacun des autres :

Le cœur, *l'*esprit, *les* mœurs, tout gagne à la culture. (Boileau.)

Remarque. Le langage ordinaire admet ces tours : *les négociants et banquiers; les princes et princesses du sang*, etc.; mais dans le style soutenu il est mieux de répéter l'article.

On dit : *il occupe le premier et* LE *second étage; employez également l'ancien et* LE *nouveau procédé;* parce qu'il s'agit de deux étages, de deux procédés; mais on ne répétera point l'article s'il n'est question que d'une chose : *La simple et touchante éloquence de l'Évangile me ravit.*

EMPLOI DE L'ARTICLE DEVANT QUELQUES NOMS PROPRES.

241. — On emploie ou l'on supprime l'article devant les noms propres de royaumes, de provinces, selon que le sens est plus ou moins précis :

La puissance de *l'Italie* était bien déchue; l'eau *du Pactole* roulait des paillettes d'or. — Ici l'attention se porte directement sur les noms *Italie* et *Pactole*, comme s'il y avait *l'Italie était bien déchue; le Pactole roulait des paillettes d'or.*

Les peuples *d'Asie* sont plus efféminés que ceux d'Europe; nous buvons de l'eau *de Seine.* — Dans ces cas, les substantifs *Asie* et *Seine* qualifient en quelque sorte *peuples*, *eaux;* ils ont moins de précision et ils ne doivent point prendre l'article.

---

240. Dans quels cas répète-t-on l'article ?

241. Comment emploie-t-on l'article devant quelques noms propres ?

CHAPITRE V.

DU PRONOM.

242. — Les pronoms ne doivent pas, en général, se rapporter à un nom commun indéterminé faisant partie d'une locution composée :

On ne dira point : *Il demande grâce, mais la mérite-t-il? Quand nous nous mîmes en mer, elle était calme. — Demander grâce, se mettre en mer,* sont des locutions composées où les substantifs ne sont point déterminés, ce qui exclut l'emploi des pronoms.

Il faut alors déterminer, s'il est possible, le substantif par l'article ou par un équivalent : *Il demande* SA *grâce, mais la mérite-t-il? —* Si la locution s'y oppose, on emploie un autre tour : *Quand* NOUS NOUS EMBARQUAMES, *la mer était calme.*

243. — Les mêmes pronoms ne doivent pas se rapporter tantôt à un antécédent, tantôt à un autre.

Ainsi l'on ne dira pas :

Samuel offrit son holocauste à Dieu, et *il* lui fut si agréable qu'*il* lança aussitôt la foudre.

On a proposé sur cette matière un problème qu'*on* résout sans peine.

Ces phrases sont embarrassées, parce que l'on fait rapporter *il* ou *on* à divers noms. Pour les rendre correctes, il faut dire : *Samuel offrit son holocauste, et Dieu le trouva si agréable qu'il lança aussitôt la foudre. On a proposé sur cette matière un problème facile à résoudre.*

244. — Les pronoms doivent être employés de manière à ne donner lieu à aucune équivoque.

L'on ne dira pas :

Virgile a imité Homère dans ce qu'il a de plus parfait.

Mais on écrira, suivant les vues de l'esprit : *Virgile, dans ce qu'il a de plus parfait, a imité* Homère; ou bien : *Virgile a imité Homère, dans ce que celui-ci a de plus parfait.*

---

242. Comment les locutions composées influent-elles sur l'emploi des pronoms?

243. Qu'y a-t-il à observer sur la répétition des pronoms?

244. Que faut-il éviter dans l'emploi des pronoms?

PRONOMS PERSONNELS.

245. — Quand les pronoms *nous*, *vous*, se rapportent à une seule personne, on met le verbe au pluriel, mais l'adjectif ou le participe doit être au singulier :

Nous *sommes forcé* pour éviter les répétitions de nous arrêter ici.
Vous *êtes juste*, Seigneur, et *fidèle* en vos promesses.

246. — Quand le pronom personnel *le, la, les*, représente un substantif ou un adjectif précédé de l'article, il s'accorde en genre et en nombre avec ce nom ou cet adjectif :

Êtes-vous *la mère* de cet enfant ? — Je *la* suis.
Êtes-vous *la mariée?* — Je *la* suis.
Dans ces deux exemples, *la* signifie *elle*, la personne dont on parle : *Je suis elle, la mère de cet enfant ; je suis elle, la mariée.*
Mais quand ce pronom représente un adjectif ou un substantif employé sans article, il est invariable :
Êtes-vous *mère?* — Je *le* suis.
Êtes-vous *mariée?* — Je *le* suis.
Dans ces deux exemples, *le* signifie *telle*, *cela ; je suis telle*, c'est-à-dire *mère*, *mariée*.

247. — Le pronom *le* reste invariable, s'il peut signifier *cela*, *ce que je dis*, etc. :

Les fourbes croient aisément que les autres *le* sont.
Si le public a quelque indulgence pour moi, je *le* dois à votre protection.

248. — Les pronoms personnels employés comme sujets se répètent devant les verbes à des temps différents.

L'homme a toujours été le même : *il a été*, *il est* et *il sera* toujours ennemi du repos.

On peut éviter cette répétition, 1° si les verbes sont unis par une des conjonctions *et*, *ou:*

Je vous embrasse et vous aime et vous le dirai toujours (SÉVIGNÉ).
Ce mouvement s'arrête ou s'arrêtera bientôt.

2° Si l'on passe d'une affirmation à une négation :

Je plie et ne romps pas.

---

245. Expliquez les cas particuliers d'accord des pronoms *nous* et *vous*.
246. Comment se fait l'accord du pronom personnel *le*, *la*, *les?*
247. Quand fait-on invariable le pronom *le ?*
248. Expliquez la répétition des pronoms personnels employés comme sujets.

249. — Les pronoms personnels employés comme régimes se répètent :

1° Devant les temps simples :

Il *nous flatte* et *nous craint*. — Je *l'admire* et *le hais* cependant. Mais on peut éviter cette répétition devant les temps composés : *Nous leur avons dit et répété souvent qu'ils étaient dans l'erreur.*

2° Devant les temps composés, si les verbes exigent des régimes différents, c'est-à-dire l'un direct, l'autre indirect. On dira donc :

Nous *l'avons encouragé* et *lui avons pardonné ;* et non *nous l'avons encouragé et pardonné ;* car on dit : *encourager quelqu'un, pardonner à quelqu'un.*

250. — Les pronoms personnels *lui*, *leur*, ainsi que *elle*, *eux*, *elles*, placés comme régimes indirects, se disent ordinairement des personnes ; — pour les choses et pour les animaux, on les remplace, autant que possible, par les relatifs *y* ou *en :*

On ne dira pas : *Présentez votre réclamation, on* LUI *fera droit ; ce chien est méchant, n'approchez pas de* LUI ; — mais : *Présentez votre réclamation, on* Y *fera droit ; ce chien est méchant, n'*EN *approchez pas.*

PRONOMS POSSESSIFS.

251. — Les pronoms possessifs ne doivent se rapporter qu'à un substantif exprimé et placé avant eux.

Ne commencez point ainsi une lettre, comme cela est trop commun dans la correspondance des gens d'affaires : *J'ai reçu la vôtre du 22 expiré.* Il est nécessaire que le substantif soit exprimé : on dira donc en employant un nom avec l'adjectif possessif : *J'ai reçu votre lettre du 22 août dernier*, par exemple.

PRONOMS DÉMONSTRATIFS.

252. — Quand on parle de deux personnes ou de deux choses, *celui-ci, celle-ci, ceci*, s'emploient pour la plus proche ; *celui-là, celle-là, cela*, pour la plus éloignée :

---

249. Expliquez la répétition des pronoms personnels employés comme régimes.

250. Expliquez l'emploi des pronoms personnels placés comme régimes indirects.

251. Expliquez l'emploi des pronoms possessifs.

252. Expliquez l'emploi des pronoms *celui-ci*, *celui-là*, etc.

Ces deux étoffes me plaisent, mais *celle-ci* (la plus proche) est plus riche que *celle-là* (la plus éloignée).

Ces pronoms s'appliquent d'une manière analogue, les uns à la personne ou à l'objet dont on a parlé en dernier lieu, les autres à la personne ou à l'objet dont on a parlé d'abord :

Les deux philosophes Héraclite et Démocrite étaient d'un caractère bien différent : *celui-ci* (Démocrite) riait toujours, *celui-là* (Héraclite) pleurait sans cesse (Lhomond).

Cela s'emploie encore pour indiquer un objet dont on a parlé ; *ceci*, pour un objet dont on va parler :

Vous n'avez point agi avec sincérité, *cela* n'est pas bien.
Il y a *ceci* à dire pour votre excuse, c'est que vous étiez troublé.

253. — *Ce*, placé au commencement d'une phrase, se répète devant le second membre, si ce dernier commence par le verbe *être* :

Ce qui m'attache à la vie, *c'est* de vous aimer.
Ce que je sais le mieux, *c'est* mon commencement (Racine).

Ce pronom s'emploie aussi devant le verbe *être*, lors même qu'il ne figure pas dans le premier membre de la phrase :

Le véritable éloge d'un poëte, *c'est* qu'on retienne ses vers.

On le supprime dans quelques locutions familières ou dans quelques phrases peu étendues :

Souffler n'est pas jouer.
La première vertu d'un chrétien est la charité.

254. — Celui, celle, ceux, celles. Après ces pronoms démonstratifs, on doit éviter de placer un simple adjectif ou participe ; l'usage le plus général emploie, dans ce cas, un pronom relatif et un verbe.

On dira donc :	*Plutôt que :*
Ajoutez à ces preuves celles *qui sont* historiques.	Ajoutez à ces preuves *celles historiques*.
Le goût de la philosophie n'était pas alors celui *qui dominait*.	Le goût de la philosophie n'était pas alors *celui dominant*.

On peut cependant employer le participe s'il est suivi d'un régime :

---

253. Qu'y a-t-il à observer sur l'emploi de *ce* ?

254. Expliquez l'emploi d'un adjectif ou d'un participe après *celui, celle, ceux, celles*.

J'ai joint à ma dernière lettre *celle écrite par le prince* (RACINE).
Une société bien plus près de l'état de nature que *celle chantée par Homère* (CHATEAUBRIAND).

255. — On peut sous-entendre *celui* devant *qui*, dans quelques sentences ou dans les phrases proverbiales :

Trompons qui nous trahit (RACINE) ! Qui trop embrasse mal étreint.

Mais l'ellipse (suppression) de *celui*, *celle*, *ceux*, *celles*, serait vicieuse dans les phrases comparatives, ou lorsqu'il est nécessaire de préciser le sens :

On dira donc : *La traduction de l'Enéide par Delille a plus de précision que* CELLE *des Géorgiques*, et non : *que les Géorgiques*. On compare en effet la traduction à la traduction, et non à l'original.

Il serait irrégulier de dire : *Le prince a reçu la députation du Havre et de Rouen*, s'il y en avait une pour chacune de ces deux villes. Le sens exigerait alors *la députation du Havre et* CELLE *de Rouen*.

PRONOMS RELATIFS.

256. — Les pronoms relatifs doivent se placer près de leur antécédent, toutes les fois que les mots intermédiaires pourraient donner lieu à quelque ambiguïté.

On ne dira donc pas : Je réclame un service de votre bonté, *que* vous ne pouvez me refuser; *mais* Je réclame de votre bonté un *service que* vous ne pouvez me refuser.

Remarque. On peut remplacer *qui* par *lequel, laquelle*, soit pour éviter une équivoque, soit quand l'antécédent est trop éloigné :

Il y a une édition de ce livre, *laquelle* se vend fort bon marché.

257. — Deux pronoms relatifs ne peuvent se rapporter au même antécédent pour n'exprimer qu'une seule chose.

On ne dira donc pas :
Le phénix est un oiseau *que l'on dit qui* renaît de sa cendre.
On n'attribue qu'une chose au phénix, *celle de renaître de sa cendre ;* pour être correct, il faut supprimer l'un des deux pronoms : *Le phénix est un oiseau qui renaît, dit-on, de sa cendre,* ou *le phénix est un oiseau que l'on dit renaître de sa cendre.*

258. — Les pronoms relatifs se remplacent par les ad-

---

255. Dans quel cas peut-on sous-entendre *celui ?*
256. Quelle place doivent occuper les pronoms relatifs ?
257. Qu'y a-t-il à éviter dans l'emploi de deux pronoms relatifs ?
258. Par quels mots se remplacent quelquefois les pronoms relatifs ?

verbes *où*, *d'où*, *par où*, quand on veut exprimer quelque idée de temps ou de lieu, au propre ou au figuré :

La maison *d'où* je sors vient de s'écrouler.

L'instant *où* nous naissons est un pas vers la mort.

Remarque. C'est *dont* et non *d'où* qu'il faut employer, si le sens exprime une idée de race, d'origine :

Misérable ! et je vis ! et je soutiens la vue,
De ce sacré soleil *dont* je suis descendue.

PRONOMS INDÉFINIS.

259. — *Chacun* doit être suivi de *son*, *sa*, *ses*, quand il est placé après le régime d'un verbe ou que ce verbe n'a pas de régime; il prend *leur*, *leurs*, quand il est placé avant :

1° Ils ont employé ces ressources, chacun à *sa* fantaisie.
Les juges ont opiné, chacun selon *ses* lumières.

2° Ils ont employé chacun *leurs* ressources pour réussir.
Les juges ont donné chacun *leur* avis.

260. — Le pronom composé *l'un l'autre* exprime la réciprocité et de plus une idée de pluralité; il ne faut donc pas le confondre avec *l'un et l'autre*, qui n'exprime que cette dernière idée. Ainsi l'on dira :

Virgile et Horace s'aimèrent *l'un l'autre ;* — et non *l'un et l'autre ;* car il y a deux choses à exprimer : idée de réciprocité, idée de pluralité.

Virgile et Horace furent *l'un et l'autre* de grands poëtes ; — et non *l'un l'autre ;* car ici point d'idée de réciprocité, celle du nombre doit donc être seule exprimée.

261. Le pronom *l'un l'autre*, complément indirect d'un verbe, veut entre ses deux parties la préposition exigée par ce verbe :

Il y avait tort des deux côtés, mais ils se sont pardonné *l'un à l'autre.*

Pourquoi se défier *les uns des autres ?*

Le pronom *l'un et l'autre* veut aussi devant chacune de ses parties la préposition exigée par le verbe. On ne dira donc pas :

J'ai satisfait à *l'un et l'autre ;* il se sert de *l'un et l'autre.* — Mais : *J'ai satisfait à l'un et à l'autre ; il se sert de l'un et de l'autre.*

---

259. Expliquez l'emploi de *son*, *sa*, *ses*, ou de *leur*, *leurs*, après *chacun*.

260. Quel est le sens exact des locutions *l'un l'autre*, *l'un et l'autre* ?

261. Expliquez l'emploi de *l'un l'autre* avec des prépositions.

CHAPITRE VI.

DU VERBE.

ACCORD. — RÈGLES GÉNÉRALES.

262. — Le verbe s'accorde en nombre et en personne avec son sujet, substantif ou pronom :

La *religion veille* sur les crimes secrets ; les *lois veillent* sur les crimes publics.

Que *vouliez-vous qu'il fît* contre trois ? — Qu'*il mourût !*

263. — Le verbe qui se rapporte à un sujet composé, doit être mis au pluriel :

La gloire et *l'opulence* ne *donnent* pas le bonheur.

Quels *étaient* votre *état*, votre *rang*, votre *père ?*

Remarque. On trouve dans les bons auteurs quelques exemples où le verbe est au singulier, même quand les diverses parties du sujet concourent également à l'action :

Celui qui règne dans les cieux et de qui relèvent tous les empires ; à qui seul *appartient* la *gloire*, la *majesté*, l'*indépendance.*

Le pluriel *appartiennent* eût été un peu traînant ; mais on ne doit imiter cette licence qu'avec réserve.

264. — Si les sujets sont de différentes personnes, le verbe s'accorde avec la première, de préférence aux deux autres ; et la seconde a la priorité sur la troisième :

Vous et *moi* nous nous portons bien ; *vous* et *votre frère* vous lisez.

Remarque. La politesse exige que la personne qui parle se nomme après les autres. — On voit aussi que plusieurs pronoms doivent être résumés par un autre au pluriel ; on ne dira pas : *Lui et moi sommes venus* ; mais : *Lui et moi nous sommes venus.*

265. — Si les parties du sujet composé sont liées par la conjonction *ni*, le verbe se met au pluriel :

Ni l'or *ni* la grandeur ne nous *rendent* heureux.

---

262. Quelle est la règle générale d'accord du verbe ?

263. Comment se fait l'accord, si le sujet est composé ?

264. Comment se fait l'accord, si les sujets sont de différentes personnes ?

265. Comment se fait l'accord, si les parties du sujet sont liées par la conjonction *ni ?*

Mais on emploiera le singulier, si l'un des deux sujets donne l'exclusion à l'autre : *Ni mon frère ni le vôtre ne sera nommé à cette place.* — L'emploi ne peut être occupé que par un seul.

266. — Quelquefois l'accord n'a lieu qu'avec une des parties du sujet composé.

Ainsi, 1° quand il y a gradation d'idées dans un sujet composé, le verbe s'accorde avec le dernier substantif :

Un seul mot, un soupir, *un coup d'œil* nous *trahit.*

La progression est sensible, d'un *mot* à un *soupir*, à un *coup d'œil*, et l'accord se fait avec le dernier substantif.

2° Il en est de même si les substantifs ont une signification à peu près semblable :

La douceur, la *bonté* du grand Henri *a été célébrée* de mille manières.

Dans tous les âges de la vie, l'amour du travail, le *goût* de l'étude *est* un bien.

3° Enfin si les parties du sujet sont liées par la conjonction *ou*, le verbe s'accorde avec l'une d'elles seulement :

Mon *frère ou* ma *sœur* ira vous voir.

La *vivacité* ou la *langueur* des yeux *fait* un des principaux caractères de la physionomie.

C'est que la conjonction *ou* donne ordinairement l'exclusion à l'une des parties du sujet. Mais si cette exclusion n'a pas lieu, et si les deux parties concourent séparément à l'action, le verbe se met au pluriel : *Le bonheur ou la témérité ont pu faire des héros*. Dans cet exemple *ou* équivaut sensiblement à *et*.

267. — Le verbe qui a pour sujet un collectif suivi d'un autre nom, s'accorde avec celui des deux auquel il est le plus étroitement uni par le sens :

On dira donc : *Une nuée de traits obscurcit l'air*, parce que c'est le propre d'une nuée d'obscurcir ; — et : *Une nuée de barbares dévastèrent le pays*, parce que c'est l'habitude des barbares de dévaster.

Une douzaine de ces gravures coûte trois cents francs ; le prix est relatif à la *douzaine ;* — et : *Une douzaine de ces gravures sont des plus grands maîtres :* ici le sens de la phrase fait accorder le verbe avec le mot *gravures* plutôt qu'avec le collectif *douzaine*.

Remarque. Il est cependant des cas où le verbe peut indifféremment se rapporter au collectif ou au nom qui suit ce collectif ; le goût peut

---

266. Comment se fait l'accord, si le verbe a un rapport plus étroit avec une partie du sujet ?

267. Comment se fait l'accord si le sujet du verbe est un collectif suivi d'un nom ?

alors décider l'accord avec l'un ou avec l'autre terme : *Une multitude d'ennemis* SE FIT *jour* OU SE FIRENT *jour à travers nos rangs.*

RÈGLES PARTICULIÈRES.

268. — Le verbe *être* précédé de *ce* ne se met au pluriel que quand le substantif ou le pronom qui suit est une 3e personne plurielle :

C'est le courage qui fonde les empires ; *ce sont les victoires* qui les affermissent.

C'est nous qui nous trompons ; *c'est vous* que l'on demande. — *Ce sont eux, ce sont elles* qui ont échoué.

On met aussi le verbe *être* au singulier, lorsque le substantif pluriel est suivi de *que* régime direct d'un verbe :

Ce n'*est* pas les Troyens, c'est Hector *qu*'on poursuit (RACINE).
Est-ce les Anglais *que* vous aimez ? (ACAD.)

269. — Lorsque *ce* est suivi de plusieurs substantifs singuliers, le verbe *être* se met ordinairement au singulier :

C'est l'orgueil et la mollesse de certains hommes qui en mettent tant d'autres dans une affreuse pauvreté.

Toutefois le pluriel est quelquefois réclamé par les circonstances de la phrase : *Il appelle à lui les quatre courriers qu'il destinait au message ;* C'ÉTAIENT *l'âne, le chien, le corbeau et le pigeon.* — Ici le pluriel *c'étaient* est réclamé par les mots précédents, *les quatre courriers.*

270. — Quand le pronom *qui* est sujet, le verbe s'accorde avec l'antécédent de ce pronom :

Paris nous méconnait, Paris ne veut pour maître,
Ni *moi qui suis* son roi, ni *vous qui devez* l'être (VOLTAIRE).

On ne dira donc pas : *Ce n'est pas moi qui se* FERAIT *prier ;* — il faut *qui me* FERAIS *prier*, l'antécédent de *qui* étant le pronom *moi* de la première personne.

Si le relatif *qui* est précédé d'un nom commun ou d'un adjectif pris substantivement, il indique la 3e personne :

Vous parlez en homme *qui entend* la matière.
Vous êtes le premier *qui m'ait* compris.

Si le relatif *qui* est précédé d'un nom propre, l'accord du

---

268. Expliquez l'accord du verbe *être* précédé de *ce*, avec un sujet simple.

269. Expliquez l'accord du verbe *être* précédé de *ce*, avec un sujet composé.

270. Expliquez l'accord du verbe avec l'antécédent du pronom relatif *qui*.

verbe se détermine selon que les autres mots joints à ce substantif le ramènent à telle ou telle personne.

> Je suis Diomède, roi d'Etolie, qui *blessai* Vénus.
> Je suis ce Diomède, roi d'Etolie, qui *blessa* Vénus.
> Je ne suis pas Diomède qui *blessa* Vénus.

271. — *L'un et l'autre, ni l'un ni l'autre, l'un ou l'autre*, suivis ou non d'un substantif, déterminent l'accord du verbe comme les noms liés par *et*, *ni*, *ou*.

Ainsi : 1° *l'un et l'autre* veut le verbe au pluriel, mais s'il y a un substantif, ce dernier reste au singulier :

> *L'un et l'autre* à ces mots *ont* levé le poignard.
> *L'un et l'autre consul* vous *avaient* prévenue.

2° *Ni l'un ni l'autre* veut le verbe au pluriel, à moins que l'une des deux parties du sujet ne donne l'exclusion à l'autre :

> *Ni l'un ni l'autre n'ont* fait leur devoir.
> *Ni l'un ni l'autre* discours *n'obtiendra* le grand prix.

3° *L'un ou l'autre* veut toujours le verbe au singulier :

> *L'un ou l'autre* parti *convient* à mes désirs.
> *L'un ou l'autre fit-il* une tragique fin ?

272. — *Plus d'un* veut au singulier le verbe qui suit, à moins que celui-ci ne soit un verbe réfléchi :

> A vouloir trop courir de victoire en victoire,
> Plus d'un ambitieux diminua sa gloire.
> On voit plus d'un fripon qui se dupent l'un l'autre.

Dans ce dernier exemple, la forme plurielle est exigée par l'idée qu'exprime le pronom composé *l'un l'autre*.

COMPLÉMENTS DES VERBES.

273. — Tout verbe qui a un complément direct, ne veut aucune préposition devant ce complément :

> Nous devons respecter la vieillesse.
> L'armée a passé le fleuve.

Remarque. Ce principe n'est pas en contradiction avec l'emploi que l'on fait quelquefois de la préposition DE dans le sens partitif : *Il a de la fortune; je possède de beaux livres.* Cela signifie *il a quelque fortune* ; *je possède quelques beaux livres.* Ainsi *fortune, livres*, sont bien régimes directs des verbes *il a*, *je possède*.

---

271. Expliquez l'accord du verbe avec *l'un et l'autre*, etc.

272. Comment se fait l'accord du verbe avec la locution *plus d'un ?*

273. Peut-on employer une préposition devant le complément direct d'un verbe ?

274. — Les verbes passifs veulent en général la préposition *de* avant leur complément, lorsque l'action marquée par ces verbes exprime un sentiment moral :

L'honnête homme est estimé *de* ceux même qui n'ont pas de probité.
Heureux celui qui est éclairé *de* vos sages conseils !

275. — Les verbes passifs veulent en général la préposition *par* devant leur complément, lorsque l'action exprime une opération de l'esprit ou du corps :

La poudre à canon fut inventée *par* le cordelier Schwartz.
La victime a été frappée *par* un inconnu.

S'il s'agit d'objets matériels qui agissent l'un sur l'autre, on peut mettre *de* ou *par* :

Cette maison a été abattue *d'*un coup de vent, ou *par* un coup de vent (ACAD.).

276. — Quand un verbe à l'impératif a deux pronoms pour compléments, l'un direct, l'autre indirect, on met le complément direct le premier avec deux traits d'union :

C'est le seul bien qui me reste, *laissez-le-moi*, cruel.
Et jusqu'au moindre mot *imprimez-le-vous* bien.

Remarque. Si le régime direct est un des pronoms *moi*, *toi*, *le*, *la*, et le régime indirect le pronom relatif *y*, il est plus conforme au goût de renoncer à cet impératif et de prendre un autre tour. On ne dira point *menez-y-moi*, *menez-m'y* ; mais *veuillez-m'y mener*.

277. — Lorsque le pronom relatif *que* doit être le complément direct de plusieurs verbes, il se répète autant de fois qu'il y a de verbes employés à un temps simple :

Racine est un poëte *qu'on aime* et *qu'on admire* de plus en plus.
Mais *que* ne se répète point, si les deux verbes sont à un même temps composé: *C'est un homme que j'ai toujours estimé et chéri*.

278. — Le verbe peut recevoir pour complément direct un autre verbe à l'infinitif, et celui-ci peut en recevoir un

---

274. Dans quel cas les verbes passifs doivent-ils être suivis de la préposition *de ?*
275. Dans quels cas les verbes passifs doivent-ils être suivis de la préposition *par ?*
276. Comment s'emploient les pronoms après un verbe à l'impératif ?
277. Dans quel cas le pronom relatif *que* doit-il se répéter ?
278. Qu'y a-t-il à observer sur l'emploi multiplié des infinitifs ?

second ; mais il serait défectueux de les multiplier au delà.

On dira bien : *N'espérez point me fléchir ; je compte aller vous voir bientôt.*

Mais cette phrase serait défectueuse : *Il espère* POUVOIR FAIRE JOUER *tous les ressorts de l'éloquence.*

Cette accumulation d'infinitifs est contraire au goût ; il faut alors prendre un autre tour et dire par exemple : *il espère pouvoir mettre en jeu tous les ressorts de l'éloquence.*

279. — Deux verbes peuvent avoir le même mot pour complément commun, pourvu qu'ils se construisent de la même manière avec ce mot :

Pierre le Grand sut *conserver et affermir ses États.*

Mais on ne pourrait dire : *Je connais et me sers de mes avantages*, parce que les formes reçues sont : *connaître ses avantages, se servir de ses avantages.*

On dira par analogie : *Le sage se défie* DES *passions et* LEUR *résiste courageusement. — Se défie et résiste courageusement* AUX *passions*, serait incorrect, parce que les deux verbes veulent après eux des prépositions différentes.

280. — Lorsque le complément direct ou indirect d'un verbe se compose de plusieurs parties unies par une des conjonctions *et, ou, ni*, ces parties doivent être de même nature, c'est-à-dire formées toutes de substantifs ou bien de verbes au même temps :

Ainsi au lieu de dire : *il aime l'étude et à lire ; je crois vos raisons excellentes et que vous le convaincrez*, dites : *Il aime l'étude et la lecture; je crois que vos raisons sont excellentes et que vous le convaincrez.*

281. — Un verbe ne peut avoir deux compléments indirects semblables.

Ce vers est donc incorrect :

C'est *à vous,* mon esprit, *à qui* je veux parler.

A vous, à qui, sont deux régimes indirects de même nature, dépendants du verbe *parler ;* l'un d'eux est de trop. Il fallait : *C'est à vous mon esprit, que je veux parler ;* ou bien : *C'est vous, mon esprit, à*

---

279. Dans quels cas deux verbes peuvent-ils avoir le même complément ?

280. Qu'y a-t-il à observer sur les compléments formés de plusieurs parties ?

281. Peut-on donner à un verbe deux compléments indirects semblables ?

qui je veux parler. — Cependant le premier de ces deux tours donne à l'expression plus de vivacité.

Remarque. Cette règle s'étend au cas où le régime indirect est marqué par un adverbe de lieu ; on ne dira donc pas : *C'est là où je vais;* mais : *C'est là que je vais.*

282. — Les compléments d'un verbe doivent être placés de manière à ne donner lieu à aucune équivoque :

Il faut accepter les revers que la Providence nous envoie, *avec résignation*. — L'inversion produit ici un effet désagréable, et le complément *avec résignation* devait être placé après le verbe *accepter*.

CONSTRUCTION.

283. — Tout sujet doit avoir un verbe exprimé ou sous-entendu :

Le jour vient, la nuit cesse, et le prestige fuit.
Garo fouette son chien, et son chien de s'enfuir.

Dans le premier exemple, il y a trois sujets et trois verbes exprimés; dans le second, il y a deux sujets, mais il y a un verbe sous-entendu : *Garo* est le sujet de *fouette*, et *son chien* est le sujet du verbe non exprimé *se hâte.*

Il suit de cette règle qu'on ne pourrait pas dire : *vous fuirez ce perfide mentor* QUI, *s'il vous conseillait, vous seriez perdu.* Le pronom relatif *qui* est là un sujet sans verbe ; il faut donc le supprimer et dire par exemple : *Vous fuirez ce perfide mentor ; s'il vous conseillait, vous seriez perdu.*

284. — Le sujet d'un verbe ne doit pas être exprimé deux fois.

On ne dira donc pas :
Alexandre ayant appelé Perdiccas, *il* lui dit, etc.

Cependant la règle n'est point de rigueur, lorsque le verbe est séparé du sujet par de longs développements :

Jésus-Christ ayant dépouillé les principautés et les puissances, après les avoir vaincues, *il* les a menées hautement en triomphe, à la face de l'univers (MASSILLON).

EMPLOI DES MODES DU VERBE. — INDICATIF.

285. — Lorsque dans une phrase il y a deux verbes dont

---

282. Comment faut-il placer les divers compléments d'un verbe ?

283. Quelle relation nécessaire y a-t-il entre le sujet et le verbe ?

284. Peut-on exprimer deux fois le sujet d'un verbe ?

285. Peut-on mettre un verbe à l'imparfait après un premier verbe au passé ?

le premier est au passé, le second peut être mis à l'imparfait, si la correspondance des époques amène ce temps :

J'ai appris que vous *étiez* à Paris.
J'ai su il y a peu de jours que vous *étiez* malade.

286. — L'imparfait serait défectueux, si la seconde partie de la phrase exprimait une vérité générale ou un fait qui a lieu habituellement :

Il tenait pour maxime qu'un bon général *peut* bien être vaincu, mais qu'il ne lui *est* pas permis d'être surpris.
On savait bien que vous *produisez* toujours une grande impression dans le conseil quand vous *prenez* la parole.

287. — Le passé défini ne doit s'employer que quand il s'agit d'un temps complétement écoulé :

Je *reçus l'an passé* une lettre qui me surprit fort.
Mais on ne dira pas : *Je reçus une lettre cette année ; je vis cette semaine un ami d'enfance*, parce qu'il reste à s'écouler une partie du temps dont il est question.

288. — Dans les phrases à deux passés correspondants, le second verbe se met au passé indéfini, si l'on veut exprimer le passé d'une manière générale ; — il se met au plus-que-parfait, si l'on veut exprimer une époque antérieure :

1° J'ai appris que vous *avez* beaucoup *voyagé* en Amérique. — On m'a dit que vous *avez obtenu* un emploi.
2° Il était fort en peine de ce que vous *aviez appris* sa maladie ; — J'ai été tranquille sur votre compte, dès que j'ai appris que vous *aviez obtenu* un emploi.

DU CONDITIONNEL.

289. — Le présent du conditionnel peut s'employer pour le futur de l'indicatif, s'il y a quelque condition exprimée ou sous-entendue, — ou s'il y a quelque doute que l'action s'accomplisse :

1° J'ai juré qu'on ne m'y *reprendrait* plus. — On sous-entend : *si le cas se représentait.*

---

286. Dans quel cas l'imparfait est-il défectueux ?
287. Dans quel cas emploie-t-on le passé défini ?
288. Dans quels cas emploie-t-on le passé indéfini et le plus-que-parfait ?
289. Dans quel cas emploie-t-on le présent du conditionnel pour le futur ?

2° On a pu croire que *vous ne réussiriez* pas dans vos démarches. — *La réussite était incertaine.*

Mais il serait défectueux de dire : *Jésus-Christ a promis qu'*IL VIENDRAIT *juger les vivants et les morts ;* parce qu'il n'y a ici ni condition ni doute possible. Il faut... *qu'il viendra.*

DU SUBJONCTIF.

I.

290. — Dans les phrases à deux verbes correspondants, lorsque le premier membre de la phrase exprime le désir, la crainte, l'admiration, la surprise, une idée de doute, d'indécision, etc., le second verbe se met au subjonctif:

Je doute qu'il y *ait* un vice plus détestable que l'avarice.
Je crains que vous ne m'*ayez* pas compris.
Je suis ravi que cela *soit* arrivé.
Je m'étonne qu'il ne *voie* pas le danger où il est.

291. — On emploie aussi le subjonctif:

1° Après un verbe affecté de négation :

On ne peut nier sans blasphème que la puissance de Dieu ne *s'étende* à toutes choses.

2° Lorsque la phrase est interrogative :

Croyez-vous qu'il *soit* plus habile que son concurrent ?

3° Après les verbes impersonnels *il importe*, *il convient*, *il faut :*

Il importe que vous *veniez.* — Il faut que cette chose se *fasse.*

4° Après la conjonction *que*, exprimant un souhait, ou précédée de *si*, de *qui*, de *quel*, de *quoi*, de *quelque*, ou formant avec tout autre mot une locution conjonctive :

Dieu dit : *que* la lumière *soit*, et la lumière fut.
Il n'est pas d'homme *si* instruit, *qu'il* ne *puisse* être embarrassé.
Qui que vous *soyez*, n'oubliez pas que vous êtes homme.
Quels que soient les humains, il faut vivre avec eux.
Quoi que vous écriviez, évitez la bassesse.
Quelque effort que fassent les hommes, leur néant paraît partout.
Je l'ai connu laquais *avant qu'il fût* commis.

5° Après les pronons *qui*, *que*, *dont*, après la conjonction *que* et les adverbes *où*, *d'où*, *par où*, lorsque ces

---

290. Quelle règle générale suit-on pour l'emploi du subjonctif ?

291. Quels sont les cas particuliers où l'on emploie le subjonctif ?

mots se rapportent à un superlatif relatif, ou à des expressions qui restreignent le sens, comme, *le dernier*, *l'unique*, etc.

Les mouvements des planètes sont *les plus reguliers que nous connaissions.*

Il y a *peu de rangs où il faille* plus de vertu que dans la royauté.

On enleva à ces malheureux *l'unique ressource qu'ils eussent.*

Remarque. On se sert de l'indicatif lorsque les mots *qui*, *dont*, *que*, *où*, *d'où*, se rapportent non au superlatif, mais à son complément:

Le soleil est le plus grand *des corps que nous connaissons.*

II.

(Les commençants peuvent passer cette section, qui a quelques difficultés.)

292. — Le temps du subjonctif à employer dans tous les cas qui précèdent, dépend en général du sens qu'on veut exprimer.

S'il s'agit d'énoncer simplement le *présent*, on met le *présent* du subjonctif:

Je doute qu'il y *ait* une amitié solide entre ces deux personnes.

293. — Pour exprimer une *vérité générale*, on emploie encore le *présent:*

Dieu nous a créés pour que nous l'*aimions* et que nous *pratiquions* sa loi.

294. — Pour exprimer un *présent modifié par une condition*, on emploie l'*imparfait:*

Je doute que vous *lussiez* ce livre, si vous connaissiez l'espèce de morale qu'il renferme.

295. — Pour exprimer un *imparfait*, c'est-à-dire un état ou une action qui avait lieu en même temps qu'un autre état ou une autre action, on met l'*imparfait :*

Il ne soupçonnait pas qu'on *eût* des preuves contre lui.

296. — Pour exprimer un *passé défini* on met l'*imparfait:*

---

292. Quel temps du subjonctif emploie-t-on pour exprimer simplement le présent?

293. Quel temps emploie-t-on pour exprimer une vérité générale?

294. Quel temps emploie-t-on pour exprimer un présent modifié par une condition?

295. Pour exprimer un imparfait?

296. Pour exprimer un passé défini?

Je ne nierai pas qu'il ne *fût* homme d'un très-grand mérite.

Remarque. Le principal écueil à éviter dans l'emploi du subjonctif, c'est de substituer à l'imparfait le présent de ce mode ou l'un des conditionnels. Ainsi l'on ne dira pas :

Il fallait que je lui *écrive;* je craignais que vous ne *viendrez* pas, *mais :* Il fallait que je lui *écrivisse;* je craignais que vous ne *vinssiez* pas.

297. — Pour exprimer un *passé indéfini*, on met le *passé :*

On dirait que le livre des décrets éternels *ait été ouvert* à ce prophète.

298. — Pour exprimer un *passé antérieur*, on met le *plus-que-parfait.*

Il s'en fallait peu qu'il n'*eût achevé.*

299. — Pour exprimer le *futur simple,* on met le *présent :*

Je doute que votre projet *réussisse.*

300. — Pour exprimer un *futur conditionnel,* on met l'*imparfait* :

S'il revenait et qu'il *fît* une réclamation, vous seriez fort surpris.

301. — Pour exprimer un *futur antérieur*, on met le *passé :*

J'attends pour cela qu'on m'*ait accordé* une autorisation.

302. — Pour exprimer un *futur antérieur conditionnel,* on met le *plus-que-parfait :*

Ne partez point; car il faudrait que vous *fussiez arrivé* à midi pour le trouver encore chez lui.

EMPLOI DES AUXILIAIRES.

303. — Quelques verbes neutres prennent l'auxiliaire *avoir*, quand le sens de la phrase appelle l'attention sur l'action qu'ils expriment; ils prennent *être,* si l'on considère le résultat :

---

297. Quel temps du subjonctif emploie-t-on pour un passé indéfini ?

298. Pour exprimer un passé antérieur ?

299. Pour exprimer un futur simple?

300. Pour exprimer un futur conditionnel ?

301. Pour exprimer un futur antérieur ?

302. Pour exprimer un futur antérieur conditionnel ?

303. Dans quels cas certains verbes neutres prennent-ils *avoir* ou *être ?*

1° Sa fortune *a augmenté* dans cette opération.
Nous *avons campé* près du fleuve.
Sa fièvre *a cessé* hier.

Dans ces exemples, l'attention se porte sur des circonstances précises : *C'est dans une telle opération que sa fortune a augmenté; c'est près du fleuve que nous avons campé*, etc.; et l'on emploie l'auxiliaire *avoir*.

2° Sa fortune *est augmentée* du double.
L'armée *était campée* depuis deux mois.
Sa fièvre *est cessée*.

On envisage ici l'état des choses plutôt que la manière dont elles ont été opérées, et c'est l'auxiliaire *être* dont on doit faire usage.

304. — Dans les verbes *convenir*, *échapper*, *expirer*, *passer*, l'emploi de l'auxiliaire est subordonné à leur acception.

CONVENIR signifiant *être au gré*... prend *avoir* : *Votre projet* M'A CONVENU, *j'y ai donné mon adhésion*. — Signifiant *être d'accord*, il se construit avec *être* : *Nous* ÉTIONS CONVENUS *que je viendrais*.

ÉCHAPPER signifiant *s'effacer de la mémoire* ou *passer inaperçu*, veut *avoir* : *J'ai retenu le chant, les vers* M'ONT ÉCHAPPÉ ; *j'ai eu beau lire attentivement, cette faute* M'A ÉCHAPPÉ. — Signifiant *faire une chose involontairement*, il se construit avec *être* : *Ce mot* M'EST ÉCHAPPÉ, *pardonnez ma franchise*.

EXPIRER prend *avoir*, quand il se dit des personnes : *il* A EXPIRÉ *dans mes bras*. — Quand il se dit des choses, il prend *avoir* ou *être*, selon que l'attention se porte sur une circonstance du fait ou sur le résultat : *Son bail* A EXPIRÉ *à la Saint-Jean; la trêve* EST EXPIRÉE.

PASSER prend *avoir*, quand il signifie *être admis* : *Ce mot* A PASSÉ *en proverbe*. — Il veut indifféremment *avoir* ou *être*, quand il signifie *mourir* : *Le malade* A PASSÉ OU EST PASSÉ *cette nuit*. — Dans les autres acceptions, il prend *avoir* pour exprimer l'action, et *être* pour le résultat : *La procession* A PASSÉ *sous mes fenêtres; les beaux jours* SONT PASSÉS.

---

304. Qu'y a-t-il à observer sur les verbes *convenir*, *échapper*, *expirer*, *passer ?*

CHAPITRE VII.

DU PARTICIPE.

I. — DU PARTICIPE PRÉSENT.

305. — Le participe présent exprime une action; il est invariable et se termine en *ant: un homme obligeant ses amis; une personne aimant ses devoirs.*

Il peut se remplacer par un autre temps du verbe, précédé du pronom *qui: un homme qui oblige ses amis; une personne qui aime ses devoirs.*

306. — Ne confondez pas le participe présent avec l'*adjectif verbal.* Ce dernier exprime un état; il n'a point de complément, et doit s'accorder en genre et en nombre avec le substantif auquel il se rapporte: *des hommes obligeants; une personne aimante.*

L'adjectif verbal peut se construire avec un des temps du verbe *être*, et il se reconnaît à cela: *ces hommes sont obligeants; c'est une personne aimante.*

D'après ce qui précède on dira sans accord: *des fléaux* FRAPPANT *le grain; des femmes* RIANT *sans motif; la rosée* DÉGOUTTANT *des feuilles. — Frappant, riant*, etc. sont des participes présents, car on peut tourner ainsi: *des fléaux qui frappent le grain; des femmes qui rient sans motif*, etc.

Mais on dira avec l'accord: *des raisonnements* FRAPPANTS; *une physionomie* RIANTE; *des feuilles* DÉGOUTTANTES *de rosée. — Frappants, riante*, etc., sont ici des adjectifs verbaux, parce que le sens est attributif: *Ce sont des raisonnements frappants; c'est une physionomie riante*, etc.

307. — Lorsque le participe présent est précédé de la préposition *en,* on doit s'abstenir d'y placer également le pronom *en:*

On s'abuse sur les dangers du monde, *en en suivant* le tourbillon.

---

305. Qu'exprime le participe présent?

306. Qu'y a-t-il à observer sur l'adjectif verbal?

307. Expliquez l'emploi vicieux du pronom *en* avec un participe présent.

Pour éviter cette répétition, on intervertira les deux membres de la phrase et l'on emploiera l'adjectif possessif : *En suivant le tourbillon du monde, on s'abuse sur ses dangers.*

308. — Quelques participes présents ont pour correspondants des adjectifs dont l'orthographe est différente, il faut donc éviter de les confondre :

Participes. Adhérant, affluant, coïncidant, différant, équivalant, excellant, extravaguant, fatiguant, intriguant, négligeant, précédant, présidant, vaquant, violant.

Adjectifs verbaux. Adhérent, affluent, coïncident, différent, équivalent, excellent, extravagant, fatigant, intrigant, négligent, précédent, président, vacant, violent.

Ainsi l'on écrira :

Tant de cours d'eau *affluant* dans la Seine ne peuvent que la grossir. — Le Rhin et les rivières *affluentes* roulent plus d'eau que le Rhône.

En *extravaguant* du matin au soir on n'apprend rien. — Tous ces discours sont *extravagants.*

II. — DU PARTICIPE PASSÉ.

309. — Le participe passé exprime un état, et modifie, comme l'adjectif, le substantif auquel il est joint : *homme estimé*, *action permise.*

Il a diverses terminaisons ; il peut être seul, ou joint à l'auxiliaire *être*, ou joint à l'auxiliaire *avoir*.

RÈGLES GÉNÉRALES D'ACCORD.

310. — Le participe passé employé sans auxiliaire s'accorde en genre et en nombre avec le nom auquel il se rapporte :

Que *de* remparts *détruits*, que de villes *forcées*,
Que de moissons de gloire en courant *amassées !*

Exception. Les participes *attendu*, *excepté*, *ouï*, *passé*, *supposé*, *vu*, *compris*, sont invariables quand ils sont placés sans auxiliaire devant

---

308. Qu'y a-t-il à observer sur l'orthographe de quelques participes présents ?

309. Qu'exprime le participe passé ?

310. Comment se fait l'accord du participe passé employé sans auxiliaire ?

les noms, parce qu'ils forment dans ce cas des prépositions accidentelles :

Je ne suis pas venu *attendu* la fête.
Passé trois mois je ne vous attends plus.

Le sens est : *Je ne suis pas venu* A CAUSE DE la fête ; *je ne vous attends plus* APRÈS *trois mois.*

311. — Le participe passé joint à l'auxiliaire *être*, s'accorde en genre et en nombre avec le sujet du verbe :

La *vertu* timide est souvent *opprimée.*
Ils furent *forcés* de se rendre.

312. — Quand le participe passé est joint à l'auxiliaire *avoir*, il ne s'accorde jamais avec son sujet :

La discorde a toujours *régné* dans l'univers.
Les sommets du Liban ont *entendu* sa voix.

313. — Le participe passé des verbes actifs, joint à l'auxiliaire *avoir*, s'accorde avec son complément direct quand il en est précédé ; mais s'il en est suivi, il reste invariable :

La lettre *que* j'ai *reçue.*
Il *les* a *récompensés.*
On *nous* a faussement *accusés.*

Accord au participe *reçue* parce qu'il est précédé de son complément direct *que* (*que* représentant *laquelle lettre*) ; — accord au participe *récompensés*, parce qu'il est précédé du complément direct *les*, etc.

Mais dans ces exemples :
J'ai *reçu* la *lettre* de votre frère ;
Il a *récompensé* ses *élèves ;*
On a faussement *accusé* ces *hommes*,

point d'accord aux participes *reçu*, *récompensé*, etc., parce que les compléments directs *lettres*, *élèves*, etc., sont placés après.

314. — Le complément direct, lorsqu'il est avant le participe, est toujours un des pronoms *me, nous, te, vous, se, que, le, la, les,* comme dans les exemples ci-dessus. — Quelquefois c'est un nom précédé de *quel,* de *que de* ou

---

311. Comment se fait l'accord du participe passé joint à l'auxiliaire *être?*

312. Quand le participe est joint à l'auxiliaire *avoir*, peut-il s'accorder avec son sujet?

313. Donnez la règle d'accord du participe joint à l'auxiliaire *avoir*.

314. Quel est, en général, le complément du participe?

d'un adverbe de quantité, *combien de*, *autant de*, *plus de*, *moins de*, etc.

Quels ennemis il a *vaincus !*
Que de désagréments il a *éprouvés !*
Combien de services il a *rendus* à la patrie !
Autant de fautes il a *faites*, autant de reproches il a *encourus.*
Plus de discours il a *prononcés,* plus de critiques il a *essuyées.*
Moins d'honneurs il a *acceptés*, plus de considération il a *obtenue.*

Accord aux participes *vaincus*, *éprouvés*, *rendus*, etc., parce qu'ils sont précédés de leurs compléments directs, *quels ennemis, que de désagréments, combien de services*, etc.

Remarque. Le sujet n'a aucune influence sur le participe conjugué avec *avoir* et l'on fait accorder le participe, si le régime le précède, sans avoir égard à la place du sujet : *Les malheurs qu'*A ÉPROUVÉS *votre frère; les troupes qu'*AVAIT RÉUNIES *César.*

RÈGLES PARTICULIÈRES.

315. — Le participe des verbes neutres est invariable, parce que le complément apparent qu'ils ont quelquefois, est plutôt sous la dépendance d'une proposition sous-entendue :

Que n'a-t-elle pas fait pendant le peu de jours qu'elle *a régné ?*
Oui, c'est moi qui voudrais effacer de ma vie.
Les jours que *j'ai vécu* sans vous avoir servie.
Toutes les années qu'elle *a langui*, *gémi*, *pleuré*, *soupiré*, lui ont paru des siècles.

Le pronom relatif *que*, dans ces derniers exemples, est régime de la préposition *pendant* sous-entendue. Le sens est :..... *les jours pendant lesquels j'ai vécu ; toutes les années pendant lesquelles elle a langui*, *gémi*, etc. Cela tient à ce que le verbe neutre ne peut avoir de complément direct.

Dormir, *errer*, *marcher*, et une foule d'autres verbes sont dans le même cas.

316. — Il y a des verbes qui, neutres en général, deviennent actifs dans une acception particulière. Le participe s'accorde dans ce dernier cas, et reste invariable dans le premier :

La langue *que* Fénelon *a parlée.*

---

315. Qu'y a-t-il à observer sur le participe des verbes neutres ?
316. N'y a-t-il pas des cas où certains verbes neutres deviennent actifs et permettent l'accord du participe ?

Les métaux *qu'on a travaillés*.
Les maux *que j'ai soufferts*.

Dans ces exemples, on fait accorder les participes *parlée*, *travaillés*, *soufferts*, parce qu'ils sont pris dans un sens actif. *On dit parler une langue, travailler des métaux, souffrir des maux.*

Mais dans ces phrases :

Les deux heures qu'il *a parlé* ont passé bien rapidement ;
Il fait grand bruit pour le peu d'instants qu'il *a travaillé;*
Les années que j'*ai* tant *souffert*,

les mêmes participes n'ont pas de régime et sont invariables, parce qu'ils sont pris dans un sens neutre. C'est encore la préposition *pendant* qui est sous-entendue : *les deux heures pendant lesquelles il a parlé... le peu d'instants pendant lesquels il a travaillé*, etc.

317. — L'Académie fait invariables les participes des verbes *coûter*, *peser*, *valoir;* mais l'usage le plus général leur attribue quelquefois un sens actif. On peut donc considérer cette question comme douteuse, et écrire indifféremment avec l'invariabilité ou avec l'accord du participe : *la peine que ce travail m'a coûté*, ou *m'a coûtée; les cent livres que ce ballot a pesé* ou *a pesées*, etc.

DU PARTICIPE DES VERBES RÉFLÉCHIS.

318. — Le participe passé des verbes réfléchis, c'est-à-dire qui se conjuguent avec deux pronoms de la même personne, suit la même règle que celui qui est joint à l'auxiliaire *avoir*. Il s'accorde donc avec son complément quand il en est précédé, et il reste invariable si le complément vient après :

Elle *s'est blessée* à la main.
La blessure *qu'elle s'est faite*.
Ces deux hommes *se sont comblés* d'éloges.
Les éloges *que* ces deux hommes *se sont donnés*.

Dans ces exemples et dans tous ceux de même nature, l'auxiliaire *être* tient la place de *avoir : elle a blessé soi à la main ; la blessure qu'elle a faite à soi; ces deux hommes ont comblé soi (l'un l'autre) d'éloges*, etc. On accordera donc les participes *blessée*, *faite*, *comblés*, etc.

---

317. Qu'y a-t-il à observer sur le participe des verbes *coûter*, *valoir*, *peser ?*

318. Qu'y a-t-il à observer sur le participe des verbes réfléchis ?

319. — Lorsque les verbes réfléchis n'admettent pas de complément direct, le participe reste invariable, aucun mot n'en déterminant l'accord :

Deux rois se sont *succédé*. — Nous nous sommes *nui*. — Ils se sont *plu* à première vue.

Succédé invariable : les rois n'ont pas *succédé soi* (*les uns les autres*), mais *succédé-à soi* (*les uns aux autres*). Complément indirect. — *On nuit à quelqu'un; on plaît à quelqu'un :* conséquemment les régimes de ces verbes sont toujours indirects et le participe est invariable.

Observez que *se plaire*, *se complaire*, *se rire*, *se sourire*, *se parler*, *se nuire*, *se succéder*, sont les seuls verbes réfléchis dont le participe soit toujours invariable.

DU PARTICIPE DES VERBES IMPERSONNELS.

320. — Le participe passé des verbes impersonnels est toujours invariable :

La constance qu'il *a fallu* pour renverser ces obstacles.

Les fortes chaleurs qu'il *a fait* cet été.

Dans ces sortes de phrases, le pronom qui précède le participe n'en est que le complément apparent; car on ne dit pas *falloir une chose*; *on ne fait pas de fortes chaleurs*.

DU PARTICIPE SUIVI D'UN INFINITIF.

321. — Quand le participe passé est immédiatement suivi d'un verbe à l'infinitif, il faut distinguer si le pronom qui précède est complément du participe ou de l'infinitif. Dans le premier cas, le participe prend l'accord, dans le second il est invariable :

Vos serins ont repris leur voix, je *les ai entendus* chanter.

Il *nous a vus* naître et grandir.

J'ai entendu qui ? — *Les*, c'est-à-dire *eux*, *chanter*. *Il a vu qui?* — *Nous*, *naître et grandir* ; *les* et *nous*, compléments directs des participes, les précèdent et en déterminent l'accord.

Mais dans ces phrases :

Ces airs ne sont pas nouveaux ; je les *ai entendu chanter*.

Il nous a *vu dépouiller* de nos biens.

---

319. N'y a-t-il pas des verbes réfléchis dont le participe soit toujours invariable ?

320. Quelle règle applique-t-on au participe des verbes impersonnels ?

321. Quelle règle applique-t-on au participe suivi d'un infinitif?

J'ai entendu quoi? — chanter eux (les airs); il a vu quoi? — dépouiller nous de nos biens. Les et *nous* sont compléments directs des infinitifs *chanter, dépouiller;* ils ne peuvent donc décider l'accord du participe, auquel ils sont étrangers.

322. — On reconnaît que le participe construit avec un infinitif est précédé de son complément direct, quand ce complément peut être placé immédiatement après sans changer le sens de la phrase. Si ce déplacement ne peut avoir lieu, le complément est sous la dépendance de l'infinitif et non du participe :

Il *nous a vus* attaquer l'ennemi.

On *les a laissés* partir sans obstacle.

On peut dire : *il a vu nous attaquer l'ennemi; on a laissé eux (les) partir sans obstacle;* — accord avec les pronoms *nous, les,* qui sont les compléments directs du participe et qui le précèdent.

Il nous *a vu* attaquer par l'ennemi.

On les *a laissé* écraser par des forces supérieures.

On ne peut pas dire : *il a vu nous attaquer par l'ennemi; on a laissé eux (les) écraser par des forces supérieures.* — Ces pronoms sont alors compléments de l'infinitif, et ne peuvent influer sur les participes.

323. — Le participe *fait*, suivi d'un infinitif, est constamment invariable :

Une effroyable voix alors *s'est fait* entendre.

Ces femmes entravaient ses desseins; il les *a fait* inhumainement égorger.

Le participe *fait* et l'infinitif qui le suit présentent un sens indivisible, et ne forment pour ainsi dire qu'un seul verbe; de sorte que le pronom complément n'appartient ni au participe ni à l'infinitif, mais aux deux mots réunis. Ce participe est donc invariable.

324. — Quand le participe passé est joint à un infinitif précédé d'une préposition, il faut examiner si le mot placé avant les deux verbes est complément du participe ou de l'infinitif qui le suit. Dans le premier cas il y a accord, dans le second le participe est invariable :

Son père *l'a contrainte* de partir.

Les hommes *que* Dieu *a chargés* de nous conduire.

---

322. Comment reconnaît-on si le complément douteux est sous la dépendance du participe ou de l'infinitif?

323. Qu'y a-t-il à observer sur le participe *fait?*

324. Quelle règle applique-t-on au participe passé, joint à un infinitif précédé d'une préposition?

Accord aux participes *contrainte*, *chargés*, parce qu'ils ont pour complément le pronom qui les précède, et que l'interrogation place immédiatement après eux : *son père a contraint... qui?* réponse : *elle;* — *Dieu a chargé... qui ?...* réponse : *que* (*lesquels hommes*).

La démarche qu'on lui *a conseillé* de faire.

Les devoirs que Dieu nous *a ordonné* de pratiquer.

Ici les participes *conseillé*, *ordonné*, sont invariables; le mot qui précède est complément de l'infinitif et demeure étranger au participe : *on lui a conseillé... quoi? — de faire ; — de faire quoi? — laquelle démarche* (*que*), etc.

CHAPITRE VIII.

DE LA PRÉPOSITION.

325. — Le choix des prépositions à employer après les verbes ne peut être soumis à des règles rigoureuses. Toutefois, les observations suivantes peuvent servir de guide dans une foule de cas.

1° On ne doit pas mettre de préposition devant un infinitif complément des verbes *aimer mieux, aller*, *compter*, *croire*, *daigner*, *devoir*, *entendre*, *faire*, *falloir*, *s'imaginer*, *oser*, *penser*, *pouvoir*, *prétendre*, *savoir*, *sembler*, *sentir*, *valoir mieux*, *voir*, *vouloir*.

2° *Espérer*, *désirer*, *souhaiter*, peuvent être suivis de la préposition *de*, surtout s'ils sont séparés par d'autres mots de l'infinitif qui en est le complément : *Je désire plus que personne* DE *vous voir*.

3° Certains verbes veulent exclusivement la préposition *à* avant leur complément; tels sont : *aboutir*, *aspirer*, *s'attendre*, *consentir*, *contribuer*, *concourir*, *prétendre*, *renoncer*, *songer*, *tendre*, etc. *J'aspire* A *vous sauver; il tend* A *vous perdre*.

4° On emploie la préposition *de* devant un infinitif complément des verbes *dédaigner*, *désespérer*, *détester*, *se hâter*, *regretter*, etc. *Je désespère* DE *le persuader ; il se hâta* DE *partir*.

326. — La préposition *à* ne peut s'employer entre deux adjectifs numéraux, que lorsqu'il y a une division possible à opérer :

On dira donc bien :

---

325. Qu'y a-t-il à observer sur l'emploi des prépositions *à* ou *de* devant un infinitif ?

326. La préposition *à* ne doit-elle pas quelquefois être remplacée par la conjonction *ou?*

Le bataillon est composé *de sept à huit cents hommes.*
Le commissionnaire viendra *de sept à huit heures.*

parce que l'expression *de sept à huit cents hommes* présente une division possible entre les individus en question, et que *de sept à huit heures* offre un intervalle, une heure, divisible en fractions de temps moins considérables.

Mais on ne pourrait dire : *Il y avait de sept à huit personnes dans cette réunion*, car une personne n'étant pas divisible en plusieurs, il n'y a pas d'intermédiaire possible entre *sept* et *huit*. Pour être correct il faut s'exprimer ainsi : *Il y avait sept ou huit personnes*, etc.

327. — *Vis-à-vis, hors, près, à côté,* veulent la préposition *de* avant leur complément :

Il loge *vis-à-vis* de mes fenêtres; — le camp est *hors des* murs ; — il est *près du* but; — vous êtes *à côté de* la vérité.

Dans la conversation et dans le style familier, les trois premières de ces prépositions peuvent n'être pas suivies de la préposition *de* devant un substantif :

Vis-à-vis le grand théâtre, — près le tribunal, — hors la porte Saint-Martin.

Mais on ne dirait pas avec un pronom ; *vis-à-vis moi, près vous.* Il faudrait dire *en face de moi*, *près de vous.*

328. — Les prépositions *à, de, en,* doivent en général se répéter devant tous les compléments d'un même mot :

Il dut sa vie *à* la clémence et *à* la générosité du vainqueur.
Il est doux *de* servir son pays et *de* contribuer à sa gloire.
Il a voyagé *en* Europe, *en* Asie et *en* Amérique.

329. — *Au travers* veut être suivi de la préposition *de ; à travers* demande un régime direct :

*Au travers d'*un buisson; — *à travers* les champs.

330. — *Près de, prêt à.* Ces deux locutions diffèrent par le sens et par le régime. *Près* veut *de* avant son complément; c'est alors une préposition composée qui signifie *au moment* ou *sur le point de ; — prêt,* adjectif, veut *à* avant son complément, et signifie *disposé à :*

Un vieillard *près d'aller* où la mort l'appelait.

---

327. Quelle préposition faut-il employer après *vis-à-vis, hors, près, à côté ?*

328. Dans quel cas répète-t-on les prépositions *à, de, en ?*

329. Comment s'emploient les locutions *à travers, au travers ?*

330. Quelle différence y a-t-il entre *près de* et *prêt à?*

On ne connaît bien l'importance d'une action, que quand on est *près de l'exécuter*.

On voit qu'il s'agit là d'un fait qui va s'accomplir, mais non de la disposition où l'on est de l'accomplir.

La mort ne surprend pas le sage ;
Il est toujours *prêt à partir*.

Je définis la cour un pays où les gens
Tristes, gais, *prêts à tout*, à tout indifférents, etc.

Ici il s'agit de la disposition où l'on est à faire une chose, mais rien n'indique que cette chose soit sur le point de se faire.

331. — *Voilà* a rapport à ce qui précède; *voici* a rapport à ce qui suit. Ces deux mots servent encore à désigner l'un l'objet le plus proche, l'autre l'objet le plus éloigné :

Voilà quelle a été sa conduite passée ; en *voici* le châtiment.
De ces deux parts, *voilà* la vôtre et *voici* la mienne.

CHAPITRE XI.

DE L'ADVERBE.

332. — Les adverbes de comparaison, *si*, *aussi*, *autant*, *plus*, doivent se répéter devant chaque adjectif, chaque verbe ou chaque adverbe qu'ils modifient :

Il est *si sage*, *si bon*, qu'il n'a pas son pareil.
L'âne est de son naturel *aussi humble*, *aussi patient*, *aussi tranquille* que le cheval est fier, ardent, impétueux.
Plus je vais avant, *plus je trouve* que rien n'est si doux que le repos de la conscience.

333. — Les adverbes *si* et *aussi* veulent pour complément un adjectif ou un adverbe ; *tant* et *autant* veulent pour complément un substantif ou un verbe :

Cet homme est *si fier* (et non *tant fier*) qu'il est impossible de l'aborder.
Le plaisir de l'étude est *aussi pur* (et non *autant pur*) que celui des passions l'est peu.

---

331. Indiquez l'emploi de *voilà* et de *voici*.

332. Dans quel cas répète-t-on les adverbes *si*, *aussi*, *autant plus ?*

333. Quel doit être le complément des adverbes *si* et *aussi*, *tant* et *autant ?*

Il a *autant de modestie* (et non *aussi de modestie*) que de talent.

Remarques. 1° *Si* ne peut modifier les locutions adverbiales ; on ne dira donc pas : *il était si en peine, si en colère ;* mais *il était si fort en peine, si fort en colère.*

2° *Aussi* exprime la comparaison, *si* exprime l'extension et signifie *tellement, à tel point.* On dira donc : *Nous sommes* AUSSI *éclairés que vous*, et non si *éclairés que vous.* — Cependant on peut employer *si* au lieu de *aussi*, avec une négation, même lorsqu'il y a comparaison : *Il n'est pas* SI *prudent que son adversaire.*

334. — On emploie la négation *ne* après les verbes *empêcher* et *prendre garde :*

Il *empêcha* qu'on *ne* le prît.
Prenez garde qu'il *ne* tombe.

Remarque. Quoique le verbe *défendre* présente quelquefois un sens assez semblable à celui de *empêcher*, il ne doit pas être suivi de *ne.* On dira donc : *Je défends que personne sorte*, et non *que personne ne sorte.*

335. — Après *craindre, appréhender, trembler, avoir peur*, on met *ne* quand on désire que l'action exprimée par le second verbe n'ait pas lieu ; — on met *ne pas* ou *ne point* dans le cas contraire :

Je crains qu'il *ne vienne*, c'est-à-dire *je désire qu'il ne vienne pas.*
Je crains qu'il *ne vienne pas*, c'est-à-dire *je désire qu'il vienne.*

336. — On emploie *ne*, et l'on supprime *pas* et *point :*

1° Lorsque la phrase renferme une expression dont le sens est négatif, comme *nul, personne, jamais, rien, ni,* etc.

Je *ne* veux *rien* faire qui vous déplaise ; et non, je *ne* veux *pas rien* faire qui vous déplaise.
Ni l'or *ni* la grandeur *ne* nous rendent heureux.

2° Après *depuis... que, il y a... que*, suivis d'un passé :

Depuis que je *ne* vous ai vu.
Il y a dix ans qu'il *ne* m'a écrit.

337. — Après *à moins que*, l'on emploie toujours la négation *ne ;* on la supprime après *sans que*, si la proposition principale est affirmative.

---

334. Expliquez l'emploi de *ne* après *empêcher* et *prendre garde.*
335. Expliquez l'emploi de *ne*, après *craindre, appréhender*, etc.
336. Expliquez les cas où l'on emploie *ne* et où l'on supprime *pas* et *point.*
337. Expliquez l'emploi de la négation *ne* après *à moins que* et après *sans que.*

Je ne puis réussir, *à moins* que vous *ne m'aidiez.*
Je réussirai *sans que* vous *m'aidiez.*

338. — Après *avant que*, l'on emploie la négation *ne*, si l'on veut exprimer l'affirmation, la certitude; — on la supprime au contraire pour exprimer le doute, une simple possibilité :

Avant que le soleil te *ferme* la paupière
Sur tes œuvres du jour jette un regard sévère.

Le tigre suce à longs traits le sang de sa victime, qui tarit presque toujours *avant que* sa soif *ne s'éteigne.*

339. — *Dessus*, *dessous*, *dedans*, *dehors*, étant adverbes, ne prennent point de régime :

On ne dira point : *dessus la terre*, *dessous le ciel*, *dedans la maison*, *dehors la ville*, mais *sur la terre*, *sous le ciel*, *dans la maison*, *hors de la ville*.

Remarque. Cependant après la préposition *de* il faut employer *dessus, dessous*, *dedans*, *dehors*, même avec un régime : *Otez cela* DE DESSOUS *la table*, DE DESSOUS le lit, et non, DE SUR *la table*, DE SOUS *le lit* ; etc.

340. — *Avant*, *auparavant*. De ces deux adverbes, le premier seul peut avoir un régime ; le second ne s'emploie qu'à la fin des phrases :

On ne dira donc pas : *auparavant lui*, *auparavant que j'écrive*, *auparavant de sortir* ; mais *avant lui*, *avant que j'écrive*, *avant de sortir*.

Au contraire, on dira bien sans complément : *Alexandre donna à Porus un royaume plus grand que celui qu'il avait auparavant.*

341. — *Autour*, *alentour*. Le premier de ces adverbes s'emploie ordinairement avec un régime, le second rejette tout complément.

On dira donc : *Le loup rôde autour de la bergerie*, et non *alentour de la bergerie*. — *Il était sur son trône et ses fils étaient alentour.*

Remarque. Autour s'emploie quelquefois adverbialement, et alors il n'a pas de régime.

Il regardait tout *autour* si on le voyait.

On dit encore *ici autour* pour *ici près*.

---

338. Expliquez l'emploi de la négation *ne* après *avant que*.

339. Expliquez la syntaxe des adverbes *dessus*, *dessous*, *dedans*, *dehors*.

340. Comment s'emploient *avant*, *auparavant ?*

341. Comment s'emploient *autour*, *alentour ?*

342. — *Plus* et *davantage* ne s'emploient pas indifféremment l'un pour l'autre. *Davantage* ne peut être suivi de la préposition *de*, de la conjonction *que*, ni d'un complément, tandis que *plus* peut être employé dans tous ces cas.

Il a *plus* de brillant que de solide ; *et non*, *davantage* de brillant, etc.

Il se fie *plus* à ses lumières qu'à celles des autres ; *et non*, *davantage à* ses lumières, etc.

Remarque. *Davantage* ne s'emploie guère qu'à la fin des phrases : *A mesure que nous sommes heureux nous voulons l'être davantage*. — Toutefois, même dans ce cas, on ne doit pas l'employer pour signifier *le plus*. On ne dira pas : *De tous les poëtes, Racine est celui qui me plaît davantage* ; mais *celui qui me plaît le plus*.

343. — *Plutôt*, formant un seul mot, réveille une idée de préférence : *Moi je commettrais une bassesse! Plutôt mourir!* — *Plus tôt*, en deux mots, réveille une idée de temps et s'emploie par opposition à *plus tard* : *J'arriverai plus tôt que vous*.

CHAPITRE X.

DE LA CONJONCTION.

344. — *Et* exprime une idée d'addition; *ni*, une idée contraire. On emploie donc l'une de ces conjonctions dans les propositions affirmatives, l'autre dans les propositions négatives.

Il cultive les lettres *et* les sciences.

Il croit que la terre est une planète *et* qu'elle tourne autour du soleil.

Il ne cultive pas les lettres *ni* les sciences ; — et mieux, en supprimant *pas* et en répétant *ni* : Il ne cultive *ni* les lettres *ni* les sciences.

Il ne croit pas que la terre soit une planète, *ni* qu'elle tourne autour du soleil.

D'après cela il y a une faute dans ce passage :

---

342. Expliquez l'emploi des adverbes *plus* et *davantage*.

343. Expliquez l'emploi divers de *plutôt*, et de *plus tôt*.

344. Expliquez l'emploi des conjonctions *et*, *ni*.

......Apollon......
Défendit qu'un vers faible y pût jamais entrer,
Ni qu'un mot déjà mis osât s'y remontrer.

Dans ces vers le sens est affirmatif, comme l'indique le rétablissement du verbe sous-entendu :

Apollon défendit qu'un vers faible y pût jamais entrer, ET DÉFENDIT *qu'un mot déjà mis*, etc.

345. — *Quand*, conjonction, signifie *lorsque* et se termine par un *d* : *Je serai absent* QUAND *vous viendrez.* — *Quant à*, préposition composée, signifie *à l'égard de* et s'écrit par un *t* : QUANT *à moi, je pense autrement.*

346. — *Parce que*, formant deux mots, est une conjonction composée et signifie *attendu que* : *Rien ne l'émeut, parce qu'il a le cœur mauvais.* — *Par ce que*, formant trois mots distincts, signifie *par la chose que* ; c'est la préposition *par*, le pronom démonstratif *ce* et le pronom relatif *que* :

Vois *par ce que* je suis ce qu'autrefois je fus.

347. — *Quoique*, formant un seul mot, est conjonction et signifie *encore que* : QUOIQUE *vous soyez riche, vous devez travailler.* — *Quoi que*, formant deux mots distincts, signifie *quelque chose que* ; c'est le pronom indéfini *quoi* et la conjonction *que* : QUOI QUE *vous fassiez, vous ne réussirez point.*

CHAPITRE XI.

DE L'INTERJECTION.

348. — Lorsqu'un substantif est placé en interjection, il prend le nombre qu'indique la pensée :

Un chrétien par exemple, ne reconnaissant qu'un seul Dieu, écrira toujours *Grand Dieu!* Mais si l'on fait parler un personnage du paganisme, on dira le plus souvent *grands dieux!*

349. — La valeur de certaines interjections varie, selon

---

345. Expliquez l'emploi divers de *quand* et de *quant à*.

346. Expliquez l'emploi divers de *parce que* et de *par ce que*.

347. Expliquez l'emploi divers de *quoique* et de *quoi que*.

348. Qu'y a-t-il à observer sur certains substantifs placés en interjection ?

349. Expliquez l'emploi divers des interjections, selon que l'aspiration est placée avant ou après.

que l'on place l'aspiration avant ou après la voyelle. Il n'est donc pas indifférent d'écrire *ah!* et *ha!* — *oh!* et *ho!* — *eh!* et *hé!*

Ah! exprime la joie, la douleur, l'admiration, la commisération, l'impatience : *Ah! quel plaisir! Ah! quelle pitié!* — *Ha!* peint l'étonnement ou la menace: *Ha! vous voilà! Ha! je te ferai ton compte.*

Oh! ajoute de la force à toute exclamation: *Oh! que cela est cruel! Oh! pour le coup j'avais tort.* — *Ho!* marque la surprise et sert pour appeler: *Ho! que me dites-vous là! Ho! venez ici.*

Eh! exprime la pitié ou le reproche : *Eh! qui n'a pas pleuré quelque perte cruelle? Eh quoi! vous me trahissez!* — *Hé!* sert pour appeler l'attention : *Hé! qu'allez-vous faire?*

CHAPITRE XII.

DES FIGURES DE SYNTAXE.

350. — On appelle *figures* certaines formes de langage qui servent à donner au discours plus de grâce, de force, de vivacité (ACAD.).

Les principales figures de syntaxe sont : l'*apposition*, l'*ellipse*, la *syllepse*, l'*inversion* et le *pléonasme*.

351. — L'*apposition* est un développement donné à un substantif.

Le lion, *terreur des forêts.* (LA FONTAINE.)
Je te salue, ô Mort, *libérateur céleste!* (LAMARTINE.)

352. — L'*ellipse* est la suppression d'un ou de plusieurs mots qui seraient nécessaires pour la construction pleine, mais qui rendraient le discours traînant :

L'avarice produit quelquefois la prodigalité ; et la prodigalité, l'avarice.

La phrase serait diffuse, si dans le second membre on eût répété *produit quelquefois.*

353. — La *syllepse* a lieu lorsqu'on fait accorder un mot avec l'idée qu'on a en vue, plutôt qu'avec le terme exprimé dans la phrase :

---

350. Qu'appelle-t-on *figures de syntaxe?*
351. Qu'est-ce que l'*apposition ?*
352. En quoi consiste l'*ellipse ?*
353. En quoi consiste la *syllepse?*

Quand le peuple hébreu entra dans la Terre promise, tout y célébra *leurs* ancêtres (BOSSUET).

Ses ancêtres eût été mieux lié grammaticalement avec le mot *peuple* ; mais *leurs* représente mieux l'idée des individus. C'est un *accord sylleptique*, ou une *syllepse*.

354. — L'*inversion* consiste à changer l'ordre naturel des mots et des propositions :

Du temple, orné partout de festons magnifiques,
Le peuple saint en foule inondait les portiques. (RACINE.)

En prose, la construction ordinaire serait : *Le peuple saint inondait en foule les portiques du temple, orné partout de festons magnifiques.*

355. — Le *pléonasme* a lieu lorsqu'on emploie des mots qui sont inutiles pour le sens, mais qui peuvent donner à la phrase plus de grâce ou plus de force :

Eh ! que m'a fait, *à moi*, cette Troie où je cours ! (RACINE.)

A moi, superflu pour le sens, ajoute ici de l'énergie au discours.

Remarque. Le pléonasme est vicieux lorsqu'il n'ajoute aucune qualité au style :

Vous m'avez *comblé* de *mille* bienfaits ; — *mille* est inutile après *comblé*.

Entr'aidons-nous *mutuellement*. — Le premier mot exprime assez la réciprocité, le dernier devait être supprimé.

CHAPITRE XIII.

LOCUTIONS VICIEUSES.

* 356. — SUBSTANTIF. Certains substantifs ordinairement réguliers deviennent incorrects lorsqu'ils sont joints mal à propos à d'autres mots.

Ne dites point :	*Dites :*
C'est une faute d'*inattention*.	C'est une faute d'*attention*.
Il me ressemble comme *une goutte d'eau*.	Nous nous ressemblons comme *deux gouttes d'eau*.
Il me prit à *brasse-corps*.	Il me prit à *bras-le-corps*.
Cela est rangé par *lettre* alphabétique.	Cela est rangé par *ordre* alphabétique.
J'ai fait quatre *plis* à la pre-	J'ai fait quatre *levées* à la pre-

354. En quoi consiste l'*inversion* ?

355. En quoi consiste le *pléonasme* ?

356. Indiquez quelques incorrections relatives au substantif.

Ne dites point :	*Dites :*
mière partie ; mon adversaire a fait la *volte* à la seconde.	mière partie ; mon adversaire à fait la *vole* à la seconde.
Il est venu en une *heure de temps.*	Il est venu en *une heure.*
La troupe a rétabli *le désordre.*	La troupe a rétabli *l'ordre.*
J'ai eu des *raisons* avec cet homme.	J'ai eu une *querelle* avec cet homme.
Il a eu une *hémorragie de sang.*	Il a eu une *hémorragie.*

Il y a aussi une foule de noms qu'un mauvais usage a défigurés ; ainsi ne dites pas : *angoises* pour *angoisses ; angola* pour *angora ; apprentisse* pour *apprentie ; aréostat* pour *aérostat ; contrevention* pour *contravention ; corporence* pour *corpulence ; cou-du-pied* pour *cou-de-pied ; jeu d'eau* pour *jet d'eau ; palefermier* pour *palefrenier ; quintail* pour *quintal ; revenge* pour *revanche ;* et quelques autres plus barbares : *cacaphonie, colaphane, ormoire, espadron, colidor, gigier, culier, darte, carnavail*, etc.

* 357. — ADJECTIF. Il faut rejeter *airé* pour *aéré ; célébral* pour *cérébral ; éduqué* pour *élevé ; ferlaté* pour *frelaté ; massacrant* pour *insupportable ; minable* pour *misérable ; rancuneux* ou *rancuneur* pour *rancunier ; perclue*, au fém. pour *percluse ; pointilleur* pour *pointilleux ; rébarbaratif* pour *rébarbatif ; tentatif*, pour *tentant* ou *séduisant.*

Ne dites point :	*Dites :*
De la toile *crue.*	De la toile *écrue.*
Je n'aime pas les rues *passagères.*	Je n'aime pas les rues *fréquentées* ou *passantes.*
C'est une affaire *conséquente ;* Lyon est une ville *conséquente ;* la récolte a été très-*conséquente.*	C'est une affaire *importante ;* Lyon est une ville *considérable ;* la récolte a été *très-bonne.*
Ne venez pas un jour *ouvrier.*	Ne venez pas un jour *ouvrable.*
Votre ami était pauvre ; aujourd'hui il est *fortuné.*	Votre ami était pauvre ; aujourd'hui il est *riche.*
Ces enfants ont perdu *sa* mère.	Ces enfants ont perdu *leur* mère.

* 358. — PRONOM. Le mauvais emploi des pronoms est manifeste dans les phrases suivantes.

Ne dites pas :	*Dites :*
On me dit heureux, et pourtant je n'*en* suis pas.	On me dit heureux, et pourtant je ne *le* suis pas.
Il m'a fâché, mais je *lui* ai fait sentir.	Il m'a fâché, mais je *le lui* ai fait sentir.
Un quelqu'un l'a dit.	*Quelqu'un* l'a dit.
Un chacun doit être content de son sort.	*Chacun* doit être content de son sort.
Vaille *qui* vaille.	Vaille *que* vaille.
Coûte *qui* coûte.	Coûte *que* coûte.

---

357. Indiquez quelques incorrections relatives à l'adjectif.

358. Indiquez quelques incorrections relatives au pronom.

Ne dites pas :	*Dites :*
Je ne m'inquiète pas du sort de cet homme ; il *a de quoi*.	Je ne m'inquiète pas du sort de cet homme; *il est à son aise*.
Je *lui* défie de me regarder en face.	Je *le* défie de me regarder en face.
Je *leurs* accorde ce qu'ils désirent.	Je *leur* accorde ce qu'ils désirent.

* 359. — VERBE. Voici les principales incorrections qui résultent du choix des verbes ou de la manière de les employer.

Ne dites pas:	*Dites:*
Cet homme *jouit* d'une mauvaise santé, d'une mauvaise réputation.	Cet homme *a* une mauvaise santé, une mauvaise réputation.
Je *n'ai pas que cela* à vous reprocher.	J'*ai autre chose* encore à vous reprocher.
Il *en a bien agi* avec moi.	Il *a bien agi* avec moi.
Je n'ai pas *rempli* mon but.	Je n'ai pas *atteint* mon but.
Il m'a *procuré* des désagréments.	Il m'a *causé* des désagréments.
Prenez garde de *couper* ce verre.	Prenez garde de *casser* ce verre.
Le vent *coupe* le visage.	Le vent *cingle* le visage.
Il ne *décesse* pas de parler.	Il ne *cesse* de parler.
L'idée *lui a pris* de....	L'idée *lui est venue* de....
Vous êtes bien malheureux! que je vous *regrette!*	Vous êtes bien malheureux! que je vous *plains!*
Ne *fixez* pas ainsi cet objet.	Ne *fixez* pas ainsi *les yeux* sur cet objet.
Il y a deux ans qu'il *manque* du pays.	Il y a deux ans qu'il *est absent* du pays.
Ces chicaneurs *se sont* longtemps *disputés*.	Ces chicaneurs *ont* longtemps *disputé*.

Il est encore plus choquant de dire : *agoniser d'injures*, pour *accabler d'injures; balier*, pour *balayer ; désagrafer*, pour *dégrafer; désenterrer*, pour *déterrer; rafroidir*, pour *refroidir; ridiculariser*, pour *ridiculiser; moriginer*, pour *morigéner; surlouer*, pour *sous-louer*, etc.

Il faut donner exactement à chaque verbe l'auxiliaire qui lui convient. Ne dites donc pas : *il s'a cassé un bras ; je me suis acheté une maison; nous avons convenu que nous partirions; il s'est emmené le chien; il s'est emporté la clef*, etc. On doit dire : *Il s'est cassé un bras ; j'ai acheté une maison; nous sommes convenus que nous partirions;* ou mieux, *nous sommes convenus de partir ; il a emmené le chien; il a emporté la clef.*

* 360. — PRÉPOSITION. C'est une faute grossière que de placer une préposition devant un complément direct; ainsi ces phrases : *je vous salue à tous; on demande après vous; il a invectivé contre son ennemi*,

---

359. Indiquez quelques incorrections relatives au verbe.

360. Indiquez quelques incorrections relatives à la préposition.

doivent être rectifiées ainsi : *Je vous salue tous; on vous demande; il a invectivé son ennemi.*

Le choix des prépositions demande aussi quelque attention; on ne dira pas : *la clef est après la porte; il est parti à Versailles; je suis fâché avec vous; j'ai lu cela sur un journal; le fils à un tel; on ne l'aime point rapport à sa méchanceté.* Il faut dans ces cas : *La clef est à la porte; il est parti pour Versailles; je suis fâché contre vous; j'ai lu cela dans un journal; le fils d'un tel; on ne l'aime point par rapport à* (et mieux à *cause de*) *sa méchanceté.*

* 361. — ADVERBE. Il faut s'abstenir d'employer comme adverbes certains mots que l'usage n'a pas adoptés ; tels sont :

Tout de même, pour *certes, cependant, il est vrai; au parfait* pour *parfaitement; à pure perte*, pour *en pure perte; un petit peu*, pour *un tant soit peu* ou *un peu; au jour d'aujourd'hui*, pour *aujourd'hui.*

Ne dites pas :	*Dites :*
Il est heureux *comme tout.*	Il est *parfaitement heureux.*
Vous êtes satisfait; je le suis *la même chose.*	Vous êtes satisfait; je le suis *également.*
Il a fait cela *par exprès.*	Il a fait cela *tout exprès.*
On doit payer ses dettes *comme de raison, comme de juste.*	On doit payer ses dettes *comme il est juste.*

* 362. — CONJONCTION. L'emploi ou le choix des conjonctions est irrégulier dans les phrases suivantes.

Ne dites pas :	*Dites :*
Je consens *qu'il* vienne vous voir.	Je consens *à ce qu'il* vienne vous voir.
Je souffre; *quoique* cela, je veux partir.	Je souffre; *malgré* cela, je veux partir.
Or donc, j'ai raison; *ainsi donc*, vous avez tort.	*Or* j'ai raison, *ainsi* vous avez tort.
Pour si peu qu'il fasse d'efforts, il arrivera.	*Pour peu* ou *si peu* qu'il fasse d'efforts, il arrivera.
L'armée ennemie peut être battue, *malgré qu'elle* soit nombreuse.	L'armée ennemie peut être battue *quoiqu'elle* soit nombreuse.
Tout ira bien *moyennant* que vous veniez.	Tout ira bien *pourvu* que vous veniez.

---

361. Indiquez quelques incorrections relatives à l'adverbe.

362. Indiquez quelques incorrections relatives à la conjonction.

CHAPITRE XIV.

DE LA PONCTUATION.

363. — Il y a six marques ou signes pour indiquer, en écrivant, les endroits du discours où l'on doit s'arrêter.

364. — La *virgule* (,) se met après les noms, les adjectifs, les verbes qui se suivent :

La candeur, la docilité, la simplicité sont les vertus de l'enfance.

La charité est douce, patiente, bienfaisante.

365. — Le *point avec la virgule* (;) se met entre deux phrases dont l'une dépend de l'autre :

La douceur est, à la vérité, une vertu ; mais elle ne doit pas dégénérer en faiblesse.

366. — Les *deux points* (:) se mettent après un membre de phrase suivi d'un autre qui sert à l'étendre ou à l'éclaircir :

Il ne se faut jamais moquer des misérables :
Car qui peut s'assurer d'être toujours heureux ?

Ce signe s'emploie aussi quand on introduit un discours direct dans le récit.

Il dit : Nous sommes quatre à partager la proie. (La Fontaine.)

367. — Le *point* (.) se met à la fin des phrases, quand le sens est entièrement fini.

Le mensonge est le plus bas de tous les vices.

368. — Le *point d'interrogation* (?) se met à la fin des phrases qui expriment une question directe :

Quoi de plus beau que la vertu ?

369. — Le *point d'exclamation* (!) se met à la fin des phrases qui expriment un sentiment :

Qu'il est doux de servir le Seigneur !
Qu'il est glorieux de mourir pour la patrie ! (Lhomond.)

---

363. Combien compte-t-on de signes de ponctuation ?
364. Comment emploie-t-on la *virgule?*
365. Comment emploie-t-on le *point et virgule?*
366. Comment emploie-t-on les *deux points?*
367. Comment emploie-t-on le *point ?*
368. Comment emploie-t-on le *point d'interrogation ?*
369. Comment emploie-t-on le *point d'exclamation ?*

REMARQUES PARTICULIÈRES.

* SYNONYMIE.

AIDER. *Aider quelqu'un*, c'est l'assister, lui prêter secours, sans partager personnellement sa peine ou son travail : *Aider quelqu'un de sa bourse, de ses conseils, de son crédit.*

Aider à quelqu'un, c'est le soulager, en partageant ses efforts, sa fatigue : *J'aidai au Rhodien à se relever* (Fénelon).

Avec un nom de chose, on se sert de *aider à : Il faut que votre mémoire aide un peu à la mienne.*

ALLER; ÊTRE. Employés dans leurs temps composés, ces deux verbes expriment, l'un un fait qui s'accomplit, l'autre un fait accompli. *Être allé* ne suppose pas le retour; *avoir été* suppose que la personne dont on parle est revenue. On dira donc : *il est allé à l'audience*, en parlant de quelqu'un qui y est ou qui est censé y être encore; *il a été à l'audience*, en parlant de quelqu'un qui en est revenu.

On peut dire également que le verbe *être* ne s'associe point avec une idée expresse de mouvement; on ne dira donc pas : *il est déjà de retour d'Espagne, il y* A ÉTÉ *très-rapidement.*

Dans les temps simples, l'emploi de *être* est incorrect pour signifier *aller*; il faut cependant excepter le passé défini *je fus*, qu'on met quelquefois pour *j'allai.*

ANOBLIR; ENNOBLIR. *Anoblir* signifie conférer la noblesse : *Cette famille fut anoblie par Henri IV.*

Ennoblir, signifie donner de la considération, de l'éclat : *Ces sentiments vous ennoblissent à mes yeux; les sciences, les beaux-arts ennoblissent une langue.*

APPLAUDIR. Ce verbe prend un complément direct lorsqu'il signifie battre des mains, pour témoigner son approbation : *On a applaudi l'orateur; on a beaucoup applaudi les allusions de son discours.*

Applaudir prend un complément indirect, lorsqu'il signifie féliciter, adhérer à : *Vous lui applaudissez quand il a tort; ses ennemis mêmes applaudissent à son courage.*

ATTEINDRE. *Atteindre une chose*, ne suppose point d'obstacle à vaincre : *Atteindre un certain âge. — Atteindre à une chose* suppose des efforts, de la difficulté : *Atteindre à la perfection.*

Appliqué aux personnes, le verbe *atteindre* signifie égaler, et veut un régime direct : *Il est difficile d'atteindre Racine.*

C'EST A MOI, A TOI, etc. *C'est à moi à*, etc., exprime une idée d'ordre; *c'est à moi de*, exprime une idée de droit à exercer, de devoir à remplir : *Comme troisième orateur inscrit, c'est à vous à prendre la parole; c'est à moi de commander ici.* Toutefois de bons auteurs n'ont pas toujours observé ces rapports divers.

CE QUI PLAIT ; CE QU'IL PLAIT. *Ce qui plaît*, s'entend de ce qui est agréable, et cette locution n'a rien de sous-entendu. *Ce qu'il plaît*, sert à exprimer la volonté, et la locution est elliptique : *Je ferai ce qui vous plaira*, c'est-à-dire *ce qui vous sera agréable ; je ferai ce qu'il vous plaira*, c'est-à-dire *ce qu'il vous plaira* QUE JE FASSE, *ce que vous voudrez.*

COMPARER. *Comparer à* suppose une analogie, un rapport de ressemblance entre les choses que l'on compare ; *comparer avec* écarte l'idée de ce rapport, et s'emploie pour marquer la différence : *Comparons les œuvres de la nature aux ouvrages de l'homme* (BUFFON).

CROIRE. *Croire à quelqu'un, à quelque chose*, c'est donner sa croyance, bien ou mal placée : *Croire aux astrologues, aux médecins ; croire au rapport, au témoignage de quelqu'un.* — Cependant on n'emploie guère la préposition s'il s'agit de personnes ; on dit plutôt *croire quelqu'un.*

Croire en Dieu, en la divinité de Jésus-Christ, sont des expressions consacrées pour témoigner de notre foi.

ÉMINENT se dit d'un péril très-grand, mais douteux : *L'homme qui conspire est dans un péril éminent ;* — IMMINENT se dit d'un danger présent : *L'homme qui est surpris par des voleurs est dans un péril imminent.*

ENTENDRE RAILLERIE. Cette locution employée sans l'article signifie, bien prendre ce qu'on nous dit, ne pas s'en fâcher : *Peu de gens entendent raillerie sur leurs défauts.*

Entendre la raillerie, c'est entendre l'art de railler, c'est savoir railler avec grâce, avec finesse, de manière à piquer l'amour-propre, sans le blesser : *Peu de gens entendent la fine et innocente raillerie* (BOUHOURS).

EXCUSE. *Demander excuse* est une locution incorrecte. *Excuse* se dit des motifs d'indulgence que le coupable peut faire valoir : *on présente, on fait agréer ses excuses ; on demande pardon.*

IMPOSER. *Imposer* se prend en bonne part, et emporte une idée de respect, d'ascendant ou d'admiration : *Notre bonne contenance imposa à l'ennemi.*

Sa fermeté *m'impose*, et je l'excuse même.

En imposer se prend en mauvaise part, et signifie mentir, faire accroire, tromper, abuser : *L'air composé de l'hypocrite en impose* (LAVEAUX).

INFECTER ; INFESTER. *Infecter* signifie gâter, corrompre, répandre une mauvaise odeur, et au figuré, corrompre l'esprit, les mœurs : *Il nous a infectés de son haleine* (ACAD.) ; *l'égoïsme, cette lèpre des sociétés modernes, ne tardera pas à infecter tous les cœurs.*

Infester signifie piller, ravager, et aussi incommoder, tourmenter : *Les pirates ont infesté cette côte* (ACAD.). — *Autrefois on pensait que les malins esprits se faisaient un plaisir d'infester les châteaux inhabités.*

INSULTER. *Insulter*, avec un régime direct, ne se dit que des personnes, et signifie maltraiter, faire insulte : *Cet ivrogne a insulté son hôte* (ACAD.).

Insulter, avec un régime indirect, se dit des personnes et des choses, et signifie, quant aux personnes, manquer aux égards que réclame leur malheur ou leur faiblesse ; quant aux choses (figurément), les maltraiter, leur faire violence : *Il ne faut pas insulter aux malheureux. — Il insulte à la raison, au bon sens, au bon goût* (ACAD.).

MATINAL ; MATINEUX ; MATINIER. Le premier de ces mots s'applique à une personne qui s'est levée matin sans en avoir l'habitude ; le second donne l'idée de l'habitude. *Matinier* signifie qui appartient au matin : *l'étoile matinière.*

OBSERVER ; FAIRE OBSERVER. *Observer*, signifie remarquer, et veut, comme ce dernier mot, être précédé du verbe *faire*, lorsqu'il a un régime indirect. On dira donc : *Je vous fais observer*, etc. *Je fais observer à l'assemblée*, etc., comme on dirait : *Je vous fais remarquer*, etc.

SE RAPPELER. Ce verbe réclame un régime direct : *rappeler à soi une chose.* On s'exprimera donc ainsi : *Je me rappelle cette anecdote ; je me la rappelle ;* et non *je me rappelle de cette anecdote ; je m'en rappelle.* Mais on dit *se rappeler de* avec un infinitif : *Je me rappelle d'être sorti* (ACAD.).

Se souvenir prend au contraire la préposition *de : Vous souvenez-vous de ce beau passage ? — Je m'en souviens.*

TOMBER. *Tomber par terre* se dit de ce qui touche à la terre, au plancher, etc. ; — *Tomber à terre,* de ce qui n'y touche pas : *un homme bronche en marchant dans la rue et tombe par terre ; un couvreur glisse sur le bord d'un toit et tombe à terre.*

VÉNÉNEUX ; VENIMEUX. *Vénéneux*, se dit des végétaux : *Cette plante est vénéneuse ; venimeux* se dit des animaux : *Le scorpion est venimeux.*

DE LA PRONONCIATION.

A

* *A* est nul dans *août*, *aoûteron*, *aoriste*, *Saône*, *taon*. Ainsi prononcez *oût*, *oriste*, *Sône*, *ton*.

Dans *aye*, finale des noms géographiques, *Andaye*, *Blaye*, *Biscaye*, etc., l'*a* se détache de l'*y*. Lisez donc *Anda-ye*, *Bla-ye*, etc. — Mais *abbaye* se prononce *abbai-ie*.

B

B ne se prononce point dans les finales *plomb*, *aplomb ;* mais il s'articule dans *radoub*, *rob*, *rumb*, et dans les noms propres : *Achab*, *Caleb*, *Jacob*, *Job*, *Raab*, etc.

C

C est nul dans *accroc*, *blanc*, *broc*, *clerc*, *escroc*, *estomac*, *franc*, *jonc*, *marc* (poids), *tronc*, *tabac*, à moins que ces mots ne soient suivis d'un mot commençant par une voyelle ou un *h* muet et ayant une liaison très-étroite avec eux : *franc étourdi*, *tabac en poudre*, etc. Il se prononce dans *bac*, *hamac*, *lac*, *Marc* (nom d'homme).

C a le son de *g* dans *second* et ses dérivés, ainsi que dans les mots *czar* et *czarine*.

Ch a le son de *k :* 1° Dans les mots *archange*, *archiépiscopal*, *archonte*, *catéchumène*, *chaos*, *chœur*, *écho*, *eucharistie*, *lichen*, *orchestre ;*

2° Dans la syllabe *chor : choriste*, *chorus*, *anachorète*, etc.

3° Dans la terminaison *chus : Antiochus*, *Bacchus*, *Gracchus*, et les dérivés : *bacchante*, *bacchanales*, excepté *bachique ;*

4° Dans les noms propres suivants : *Achab*, *Achate*, *Chabrias*, *Chalcis*, *Chaldée*, *Cham*, *Chanaan*, *Chéronée*, *Chersonèse*, *Colchos*, *Jéchonias*, *Lachésis*, *Machabée*, *Melchior*, *Melchisédech*, *Nabuchodonosor*, *Orchomène*. — Ajoutez tous ceux où figure la syllabe *char : Anacharsis*, *Epicharis*, etc.

Depuis longtemps *Ezéchias*, *Ezéchiel*, *Zachée*, les *Achéens*, *Archimède*, *Achéron*, *Machiavel*, se prononcent avec le *ch* de *chef*, *choisir*, etc. Il en est de même de *Michel* et *Joachim* (noms de baptême) ; mais *Michel-Ange* et *Joachim* (roi de Juda) se prononcent *Mikel-Ange*, *Joakim*.

D

D final, presque toujours muet, sonne dans les mots étrangers : *Joad*, *Obed*, *David*, *éphod*, *talmud ;* excepté *Madrid*. Il s'articule encore dans *nord-est*, *sud-est*, *nord-ouest*, etc.

E

E, sans accent, est généralement muet devant une voyelle : *Jean, sceau, geôle, esturgeon*, etc. Il l'est aussi dans les noms propres *Caen*, et *Staël*. — *Goëthe* se prononce *Gueuthe*.

E a le son de *a* au commencement des mots *enivrer, ennoblir, ennui*, auxquels il faut joindre *hennir, hennissement, nenni, solennel*. — *Enorgueillir* se dit généralement *é-norgueillir*.

F

F final, ordinairement sonore, est muet, 1° dans *cerf, cerf-volant chef-d'œuvre, clef, nerf* ; 2° dans *bœuf* et *œuf*, mais seulement quand ces deux mots font partie des locutions *bœuf-gras, bœuf-salé, œuf dur*, etc. — Il faut remarquer aussi que *f* sonne dans le mot *nerf*, pris dans le sens de *mobile : L'argent est le nerf de la guerre*.

G

G est nul dans *doigt, poing, legs, faubourg, vingt, hareng, étang, signet, Strasbourg*. Il l'est aussi dans les mots *rang* et *sang*, à moins que le mot suivant ne commence par une voyelle ou un *h* muet, car alorsi prend le son de *k : rank-élevé, sank-illustre*.

Gn se prononce *gue-ne* : 1° au commencement des mots *Gnide, gnome*, etc. ; 2° au milieu dans *agnus, igné, imprégnation* (mais non *imprégner*), *inexpugnable, magnificat, stagnant, stagnation, Progné*. — Il faut y ajouter les dérivés *agnat, ignicole, magnat, regnicole*.

Gn, dans *incognito*, prend le son qu'il a dans *magnifique*.

H

H est aspiré dans la plupart des noms propres de pays et de villes : *le Hainaut, la Hollande, la Hongrie, le Hanovre, la Havane, Hambourg, le Havre*, ainsi que *la Henriade*. L'usage varie pour *Henri* ; toutefois on dit généralement dans le style soutenu : *les grandes pensées* DE HENRI IV, et dans la conversation... D'HENRI IV.

I

I est nul dans *oignon, moignon*, et dans *Michel Montaigne*, qu'on prononce *Michel Montagne*.

L

Dans le corps des mots, lorsque deux *ll* sont précédés d'un *i*, l'articulation se perd le plus souvent dans un son mouillé. — Parmi les mots où *ill* médial ne se mouille pas, les plus importants à connaître sont : les verbes *distiller, osciller, scintiller*, et leurs dérivés ; les noms propres *Cyrille, Gille, Priscille, Séville* ; enfin *pupille, ville*, et les composés *Abbeville, Joinville*, etc.

L doit se faire entendre à la fin des mots, excepté dans *babil, baril, chenil, coutil, fusil, gril, nombril, outil, persil, soûl, sourcil*.

L est encore muet dans *gentil*, et dans le pluriel *gentils-hommes*.

Les cinq noms suivants ont la terminaison mouillée : *avril*, *fenil*, *grésil*, *mil* (millet) et *péril*, ainsi que leurs dérivés.

M

M final prend généralement le son de *n*. Ainsi *Adam*, *faim*, *nom*, *parfum*, se prononcent *Adan*, *fain*, *non*, *parfun*, etc. — Cependant il est des mots où *m* conserve son articulation naturelle; ce sont les noms propres *Abraham*, *Priam*, *Amsterdam*, *Stockholm*, *Sem*, *Cham*, *Ibrahim*, *Sélim*, etc.; pareillement *intérim* et tous ceux en *im*; *album*, *pensum* et les autres mots tirés de la langue latine, excepté *factum*.

N

N final prend son articulation naturelle, et non point le son nasal, dans *amen*, *gramen* et *dictamen*; *examen* est aussi susceptible de se prononcer avec l'articulation propre de *n*, mais seulement dans le discours soutenu.

O

O est muet dans *faon*, *paon*, *Craon*, *Craonne*, *Laon* et les dérivés *faonner*, *paone*, *paonneau*, etc. Ainsi prononcez *fan*, *pan*, etc.

OI dans *roide* se prononce comme *ai*, *raide*; excepté dans le discours soutenu, où cette diphthongue garde le son qu'elle a dans *roi*.

P

P est nul dans *baptême*, *baptistère* (mais non *baptismal*), *compte* et ses composés, *exempt* (mais non *exemption*), *prompt*, *promptitude*, *sculpteur*, *sculpture*, *sept*, *septième*, et les dérivés.

P sonne aussi dans *rédempteur*, *rédemption* et dans *présomptif*.

P final ne sonne que dans un très-petit nombre de mots : *cap*, *Gap*, *hanap*, *Alep*, *julep* et *salep*; il est muet dans *cep de vigne*.

P final est muet dans les voyelles nasales. On dira donc : *le can ennemi*, *un chan en friche*, pour *le camp ennemi*, *un champ en friche*.

Q

Qua se prononce *quoua*, dans tous les mots où *quadr* est appuyé sur une voyelle : *quadrupède*, *quadragésime*, *quadrangulaire*, *quadrilatère*, excepté *quadrille*.

La syllabe *qua* a encore le son de *quoua* dans *aquarelle*, *aqua-tinta*, *aquatique*, *équateur*, *in-quarto*, *quaker* (prononcez *kouakre*), *quatuor*, *quaternaire*, *loquacité*, *quinquagésime* et *quinquagénaire*.

R

Les noms propres français terminés en *er*, tels que *Roger*, *Dacier*, *Boyer*, ont le son fermé comme les verbes *aimer*, *prier*, *tomber*, etc.

R final ne se lie que dans deux cas :

1° A la fin des adjectifs immédiatement suivis de substantifs : *pre-*

miè-r-homme, *entiè-r-abandon*, etc. — Mais on dira *il fut le premié à combattre; il est tout entié à ses amis.*

La liaison n'a pas lieu si c'est le substantif qui précède : *dangé imminent, acié homicide.*

2° A la fin des verbes terminés en *er*, dans la lecture soutenue; mais on doit remarquer que, dans ce cas, l'*e* se prononce avec le son moyennement ouvert : *marché-r-au combat ; blâmé-r-une injustice*, etc.

S

S est nul : 1° dans les noms propres formés des noms communs qui avaient autrefois cette lettre : *Duchesne, Dufresne, l'Hospital, le Nostre, la Forest, S. Genest ;*

2° Dans les noms propres ayant l'une des trois lettres *l, m, n : Nesle, Belesme, Duquesne*, etc. ;

3° Dans l'article pluriel des mots servant à former des noms propres dérivés de noms communs : *Descartes, Desforges, Destouches*, etc.

Ajoutez *lesquels, lesquelles, desquels, desquelles, dès que, tandis que*, et les noms propres *d'Estrées, du Guesclin, les Vosges.*

S final, généralement muet, s'articule néanmoins :

1° Dans *aloès, angelus, atlas, bibus, bis, blocus, calus, choléra-morbus, fils, gratis, hélas! las! jadis, kermès, laps, madras, maïs, mars, mœurs, omnibus, orémus, prospectus, rébus, rhinocéros ;*

2° Dans les noms propres étrangers : *Agésilas, Épaminondas, Eurotas, Ménélas, Phidias, Cérès, Périclès, Hermès, Xerxès, Ximénès* (qu'on prononce aussi *Ghiménès*), *Iris, Némésis, Sémiramis, Lemnos, Minos, Paphos, Argus, Brutus, Cyrus ;*

3° Dans les noms suivants qu'un long usage a naturalisés français : *Arras, Carpentras* (et la plupart des noms de villes terminés en *as*), *Cujas, Stanislas, Vaugelas, Brueys* (prononcez *Bruïs*), *Clovis, Genlis, Médicis, Fréjus, Helvétius, Nostradamus, Ramus* (et les autres noms propres terminés en *us*). — Excepté *Jésus, Colas, Lucas, Thomas, Denis, Alexis, Judas.*

Plus fait sentir la finale dans *je dis plus, il y a plus, plus-que-parfait.*

Enfin *s*, qui sonne dans *sens* et *lis*, est muet dans *sens commun* et *fleur de lis.*

Remarque. Lorsque le *s* final d'un mot est précédé d'une consonne, celle-ci demeure muette, si le mot suivant commence par une voyelle, comme dans *de fran-z-étourdis, de froi-z-écrivains*, etc.

Mais il peut se faire que *s* soit précédé de deux consonnes, et alors celle qui précède immédiatement cette lettre demeure muette; on prononcera donc : *respek-z-infinis, accor-z-harmonieux*, pour *respects infinis, accords harmonieux.*

T

T final est ordinairement muet; cependant on le fait sentir :

1° Dans les mots suivants : *accessit, déficit, but, brut, chut, ci-gît, tout gît*, *cobalt*, *dot*, *debet*, *tacet*, *granit*, *gratuit*, *fat*, *mat*, *mot*, *net*, *rapt*, *exeat*, *sot*, *vivat*, *tact*, *exact*, *contact*, *intact*, *alphabet*, *opiat*, *soit* (conj.), *strict*, *subit*, *correct*, *direct*, *infect*, *et cætera;* enfin dans le substantif *fait*, employé au singulier : *un fait important*, *des voies de fait*, *prendre quelqu'un sur le fait ;*

2° Dans les noms propres : *Apt*, *Anet*, *Japhet ;* mais non dans *Achmet*, *Bajazet*, *Mahomet*.

Remarquez que *t* s'articule dans les terminaisons *st*, *th : est*, *ouest*, *Brest*, *zénith*, *Judith*, *luth*, *Nazareth*, *Josabeth*, etc. Excepté *Goth* et les analogues, le verbe *il est*, *Jésus-Christ*, *post-scriptum ;* mais *Christ* pris isolément se prononce *Christt*.

Dans *aspect*, *circonspect*, *respect*, *suspect*, c'est le *c* qui s'articule quand le mot suivant commence par une voyelle ou un *h* muet. Ainsi l'on dit *respek-humain* et non *respec-t-humain*.

W

W a la valeur d'un *v* simple dans les mots tirés de l'allemand. Ainsi *Waux-hall*, *Brunswick*, *Westphalie*, etc., se prononcent *Vaux-hall*, *Brunsvick*, etc. — Mais il se dit *ou* dans la plupart des mots reçus de l'anglais. Ainsi *wisth*, *wiskei*, *whig*, *Windsor*, se prononcent *ouist*, *ouiski*, etc.

Aw et *ow*, à la fin des mots, se rendent par *au :* — *Lau*, *Breslau*, *Glogau* pour *Law*, *Breslaw*, *Glogow*. — *Newton* se prononce *Neuton*.

X

X équivaut à *ce* ou à deux *s* dans *soixante*, *Bruxelles*, *Auxerre*, *Auxonne*, *Auxerrois*, *Tixier*, *rue de la Tixeranderie;* ainsi lisez : *soissante*, *Brusselles*, *Ausserre*, etc. — Mais dans *Saint-Germain l'Auxerrois*, *x* conserve l'articulation forte de *ks*.

TABLE DES MATIÈRES.

Chap. préliminaire. Définition des syllabes et des lettres. — Des voyelles. — Des consonnes. — Des signes orthographiques. — Des parties du discours. — Division. *Pages* 5 à 8

PREMIÈRE PARTIE. LEXICOLOGIE.

Chap. i. Du substantif. — Du genre dans les substantifs. — Du nombre. — Substantifs qui ont deux formes au pluriel. 8 à 12

Chap. ii. De l'adjectif. — Des adjectifs qualificatifs. — Du genre : formation du féminin. — Du nombre : formation du pluriel. — Degrés de signification. — Des adjectifs déterminatifs : adjectifs possessifs, démonstratifs, numéraux, indéfinis. 12 à 19

Chap. iii. De l'article. 19 à 20

Chap. iv. Du pronom. — Pronoms personnels, possessifs, démonstratifs, relatifs, indéfinis. 20 à 23

Chap. v. Du verbe. — Des modifications du verbe. — De la conjugaison. — Verbe *avoir*, verbe *être*. — Des verbes attributifs. — Du sujet, des compléments, du complément direct, du complément indirect. — Classification des verbes attributifs. — Conjugaison des verbes actifs. — Valeur des temps. — Observations particulières sur les quatre conjugaisons. — Observations générales. — Formation des temps. — Du radical et de la terminaison. — Conjugaison des verbes passifs. — Conjugaison des verbes neutres. — Conjugaison des verbes réfléchis. — Conjugaison des verbes impersonnels. — Des verbes conjugués avec interrogation. — Des verbes irréguliers et des verbes défectifs. 23 à 62

Chap. vi. Du participe. 62 à 63

Chap. vii. De la préposition. 63 à 64

Chap. viii. De l'adverbe. 64 à 65

Chap. ix. De la conjonction. 65 à 66

Chap. x. De l'interjection. 66 à 67

Chap. xi. De l'orthographe. — De la dérivation. — Des consonnes qui se doublent. — Des cas où les consonnes ne se doublent pas. — Des finales. — Observations sur quelques lettres. — Des signes grammaticaux ou orthographiques. — Des majuscules. — Des accents. — De l'apostrophe. — Du trait d'union. — Du tréma. — De la cédille. — De la parenthèse. 67 à 74

SECONDE PARTIE. SYNTAXE.

Chap. i. De l'analyse. — Des parties de la proposition. — Des différentes sortes de propositions. — De la proposition principale. — De la proposition incidente. — De la proposition subordonnée. — Des moyens de distinguer les propositions. — Méthode d'analyse logique. — Méthode d'analyse grammaticale. — De la classification des mots ; de la fonction des mots. 74 à 84

Chap. ii. Du substantif. — Du pluriel dans les noms composés. — Du pluriel dans les noms propres et dans ceux qu'on a empruntés des langues étrangères. — Complément du substantif. 85 à 88

Chap. iii. De l'adjectif. — Accord ; règles générales. — Accord ; règles particulières. — Complément des adjectifs. — Place des adjectifs. — Adjectifs possessifs, numéraux, indéfinis. 89 à 95

Chap. v. De l'article. 95 à 97

Chap. v. Du pronom. — Emploi du pronom en général. — Pronoms personnels, possessifs, démonstratifs, relatifs, indéfinis. 98 à 103

Chap. vi. Du verbe. — Accord ; règles générales. — Accord ; règles particulières. — Compléments des verbes. — Construction. — Emploi des modes du verbe. — De l'indicatif. — Du conditionnel. — Du subjonctif. — Emploi des auxiliaires. 104 à 115

Chap. vii. Du participe. — Du participe présent. — Du participe passé. — Règles générales d'accord. — Règles particulières. — Du participe des verbes réfléchis. — Du participe des verbes impersonnels. — Du participe suivi d'un infinitif. 116 à 123

Chap. viii. De la préposition. 123

Chap ix. De l'adverbe. 125

Chap. x. De la conjonction. 128

Chap. xi. De l'interjection. 129

Chap. xii. Des figures de syntaxe. 130

Chap. xiii. Locutions vicieuses. 131

Chap. xiv. De la ponctuation. 135

Remarques particulières. 136

De la prononciation. 139

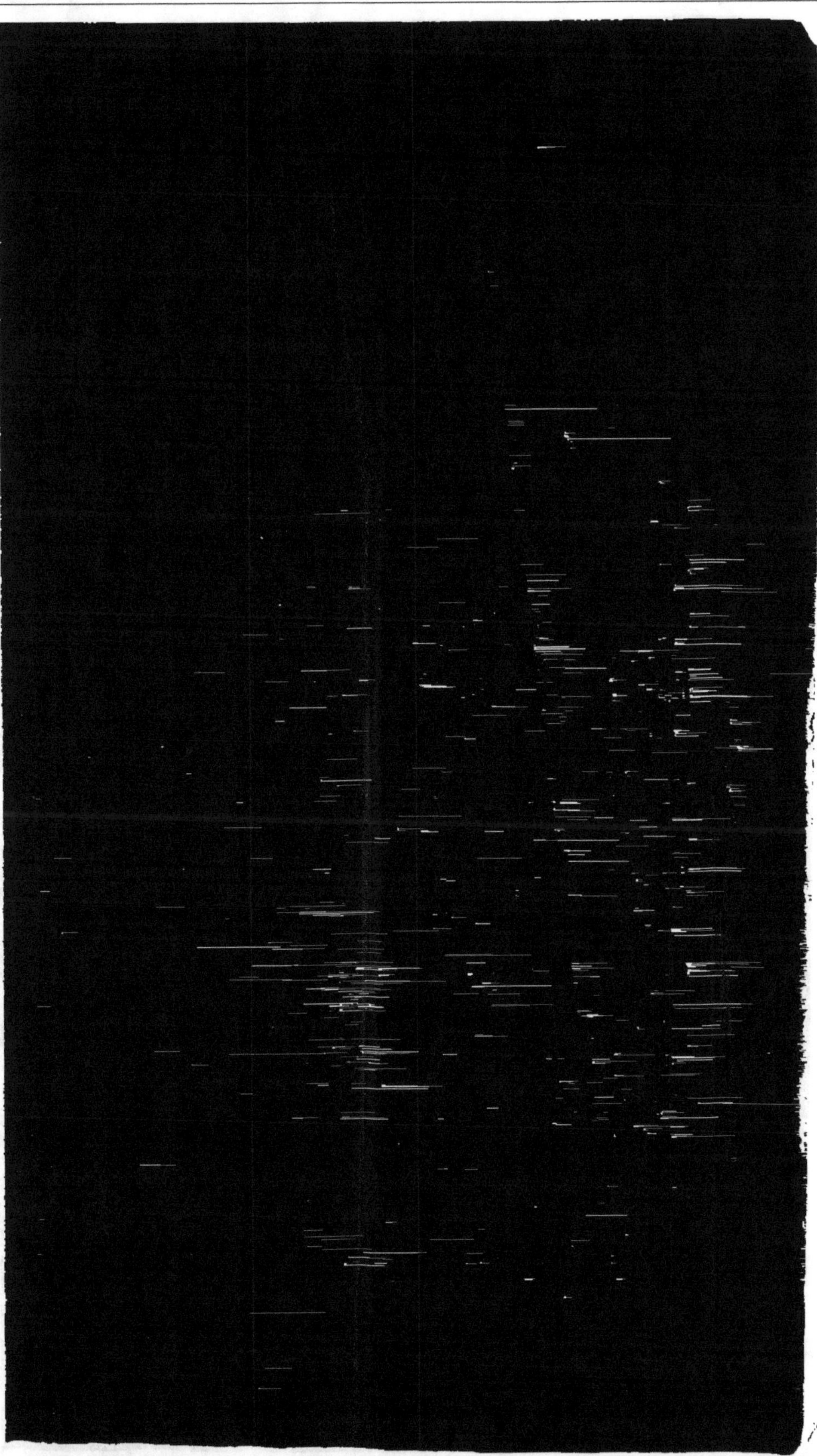

www.ingramcontent.com/pod-product-compliance
Lightning Source LLC
Chambersburg PA
CBHW070802290326
41931CB00011BA/2109

* 9 7 8 2 0 1 9 5 4 0 3 0 2 *